Robert Kurz – Honeckers Rache

Robert Kurz, geboren 1943, lebt als freier Publizist in Nürnberg. Studierte Geschichte, Philosophie und Politische Wissenschaften und war Mitglied des SDS. Mitherausgeber der Theoriezeitschrift *Krisis*. Veröffentlichungen zu internationalen Wirtschaftsentwicklungen.

Edition
TIAMAT
Herausgeber:
Klaus Bittermann
1. Auflage: März 1991
2. Auflage: Dezember 1991

Grimmstr. 26 – 1000 Berlin 61
Satz: MK Druck Berlin
Druck: Schwarzdruck Berlin
ISBN: 3-923118-62-7

Robert Kurz

Honeckers Rache

Zur politischen Ökonomie des wiedervereinigten Deutschlands

Critica
Diabolis
29

Edition
TIAMAT

INHALT

Welten im Zusammenstoß
Der merkwürdige deutsche Aufbruch nach rückwärts

Historische Ereignisse werden meistens zweimal interpretiert: Einmal im Moment ihres Geschehens vom Standpunkt der Unmittelbarkeit aus, wo sie für sich selbst zu sprechen scheinen; es ist dies die Stunde der Pragmatiker, die darauf mit den gewohnten und gewöhnlichen Deutungs- und Handlungsmustern zu antworten suchen. Und zum andern vom Standpunkt einer kritischen Distanz aus, in deren Perspektive sie ein völlig anderes Gesicht annehmen können, als es Geschichte live, die in Ereignisketten sich vollziehende Praxis, zunächst suggerieren mag.

So scheinen auch der Zusammenbruch der DDR und die unerwartet schnelle deutsche Wiedervereinigung auf den ersten Blick nichts anderes zu bedeuten als das Ende des Sozialismus oder den Sieg des Kapitalismus, und es scheint daraus keine andere Handlungsanforderung zu entstehen als eine möglichst rasche und reibungslose Einführung der westlichen Marktwirtschaft, die sich als das bessere und erfolgreichere System erwiesen haben soll.

Ganz anders sieht es jedoch aus, wenn der DDR-Sozialismus in Wahrheit gar kein dem Westen bloß äußerlich und inkompatibel gegenüberstehendes Konkurrenzsystem gewesen ist, sondern Fleisch von demselben Fleische, d.h. Teil und Moment eines globalen Gesamtsystems, das alle bisherigen Gesellschaftsformationen der Moderne in der *Einen Welt* des totalen Marktes zusammenschließt.

Diese zunächst vielleicht fremdartig anmutende Überlegung kann damit begründet werden, daß eine wirklich postkapitalistische, einer gänzlich anderen und neuen Logik folgende Gesellschaft dem Westen gar nicht hätte unterliegen können, oder höchstens durch äußere Bedrängnis (z.B. Krieg und Besetzung). Ein Stabhochspringer kann ja auch nicht gegen einen Sporttaucher verlieren. Die DDR aber ist *niederkonkurriert* worden, d.h. ihr Systemzusammenbruch vollzog sich innerhalb einer vom Kapitalismus selber gesetzten Logik, die sie niemals verlassen hatte.

Nun ist zwar in der Vergangenheit von linken Kritikern schon oft der eigentlich kapitalistische Charakter der realsozialistischen Gesellschaften betont worden, jedoch stets nur im Rahmen soziologischer Herrschaftstheorien; so z.B. etwa in der These von der Herrschaft einer bürokratischen Klasse, die an die Stelle der alten Kapitalistenklasse getreten sei. Diese These entspricht zwar dem Augenschein, erklärt aber nichts. Denn sogenannte herrschende Klassen, wer sie auch seien, können auch wieder nur durch eine andere soziale Kraft verjagt werden, sei es von innen oder von außen. Die bürokratische Kaste oder Nomenklatura der DDR aber ist gar nicht verjagt worden, auch wenn die oppositionellen Mahnwachen, Hilflosigkeitsdemos und Bittgottesdienste inzwischen zur »deutschen demokratischen Revolution« hochstilisiert worden sind.

Sie ist schlicht abgetreten, und zwar auf die sozusagen dämlichste Art, weil sie nicht mehr weiter wußte; man betrachte nur die Manifestationen des letzten SED- und Staatsratsvorsitzenden Egon Krenz sowie dessen seitherige »Jetzt spreche ich«-Karriere in der westlichen Regenbogenpresse. Ein Systemzusammenbruch ist offenbar ein Geschehen, das mit den Kategorien soziologischer Herrschaftstheorien gar nicht erfaßt werden kann. Zu fragen wäre vielmehr nach der gesellschaftlichen Logik, von der die DDR mit dem Westen gleichgesetzt wurde und an der sie gescheitert ist. Zu fragen wäre also nach der *gesellschaftlichen Form*, in der sich sowohl Herrschende als auch Beherrschte bewegt haben, und deren Funktionsstörungen die Zusammenbruchskrise herbeiführen mußten.

Bezeichnen wir diese Form als warenproduzierendes System, so dürfte dies dem allgemeinsten Begriff der DDR-Gesellschaft, auf dessen Ebene sie mit der westlichen Formation identisch gesetzt war, am ehesten entsprechen. Alle Gesellschaften der sich ständig weiter modernisierenden Moderne sind warenproduzierende Systeme, deren wechselseitige Kompatibilität sich auf dem einen *Weltmarkt* erweist und praktisch äußert. Die allgemeine und allen Subsystemen gemeinsame Basislogik dieses Gesamtsystems kann wiederum dargestellt werden als Selbstverwertung des Geldes, d.h. als *betriebswirtschaftliche Vernutzung* von menschlicher Arbeitskraft und Naturstoffen, die sich über den Prozeß der Markt-Realisation in ein abstraktes, entsinnlichtes Mehr an Geld (»Gewinn«) verwandelt und einen gesamtgesellschaftlichen Imperativ unablässigen abstrakten Wachstums der Produktion erzeugt.

Es ist natürlich schwer, überhaupt einen *kritischen* Begriff dieser gesellschaftlichen Basislogik feszuhalten, wenn sie von vornherein als die einzig denkbare erscheint und inzwischen nahezu flächendeckend die gesellschaftliche Praxis des Planeten konstituiert. Immerhin kann hier angemerkt werden, daß der angeblich mit dem Untergang des DDR-Sozialismus gleich miterledigte Karl Marx, Theoretiker einer radikalen Ökonomiekritik, diese Logik als *fetischistische* kennzeichnete und die davon bestimmte Praxis als unfähig, die sinnlichen Gebrauchswerte der Produktion vernünftig zu organisieren und die von ihr selbst durch die Konkurrenzbewegung der betriebswirtschaftlichen Einheiten hervorgetriebenen Produktivkräfte anders als sozial und (heute würden wir sagen:) ökologisch destruktiv einzusetzen. Weswegen er für die von dieser Logik bestimmte Welt ein Ende durch katastrophische Krisen prognostizierte.

Wie dem auch sei, es läßt sich relativ leicht nachweisen, daß die identische Basislogik des modernen warenproduzierenden Systems im DDR-Sozialismus mit voller Kraft wirksam war. Dies demonstrieren beliebige offizielle Verlautbarungen bis noch kurz vor dem Zusammenbruch, die verquält in Soll und Übersoll die Planerfüllung als abstraktes Mehr an Dingen und Geld unter dem fraglosen Imperativ warenförmiger Wachstumszwänge feierten:

»Im Wettbewerb zum 40. Jahrestag der DDR und in Vorbereitung des XII. Parteitages der SED haben die Werktätigen des VEB Edelstahlwerk "8. Mai 1945" Freital mit initiativreicher Arbeit den Plan bis Ende August erfüllt und überboten. So konnten die Kollektive der Volkswirtschaft 500 Tonnen Walzstahl zusätzlich zur Verfügung stellen. Im Gesamtbetrieb wurde das Ziel, die geplante Nettoproduktion mit 800.000 Mark zu überbieten, noch um rund eine halbe Million Mark übertroffen« (*Neues Deutschland*, 19. September 1989).

Der märchenhaft fremdartige Ton solcher Äußerungen rührt keineswegs von einer postkapitalistischen sinnlichen Gebrauchswertorientierung der gesellschaftlichen Reproduktion, sondern allein daher, daß die bewußtlose Selbstverständlichkeit kapitalistischer Logik, deren dithyrambische Beschwörung im Westen auf der Titelseite einer Zeitung nur verschroben wirken würde, in altertümlicher Manier als etwas Sinnstiftendes, Politisches ausdrücklich gemacht werden muß. Damit aber ist auch schon gesagt, was den wesentlichen Unterschied des östlichen gegenüber dem westlichen warenproduzierenden System ausgemacht hat. Ein und dasselbe gesellschaftliche Prinzip sollte nicht seinen eigenen Funktionsmechanismen überlassen werden, sondern einem äußerlich-politischen (bürokratischen) Kommando folgen.

Logisch gesehen ist dies die Quadratur des Kreises: die ihrem Wesen nach blinde, subjektlose Resultante der Konkurrenzbewegung, der oszillierende, keinerlei Gesamtwillen folgende Reproduktionsprozeß der voneinander in ihrer Produktion getrennten, erst ex post auf dem Markt sich in Beziehung zueinander setzenden betriebswirtschaftlichen Einheiten wird ausgesetzt und bürokratisch nachgeplant. Genausogut könnte allerdings das Wetter planmäßig durchgeführt und mit administrativen Auflagen bedroht werden.

Solange die betriebswirtschaftliche Trennung der Produzenten und deren ex post-Vermittlung über die Marktrealisation, d.h. die berühmte und in den dickbäuchigen DDR-Lehrbüchern mit zähen Legitimationsversuchen hin- und hergewälzte »Ware-Geld-Beziehung« als solche nicht aufgehoben ist, kann jede darauf bezogene äußerliche Planung nur als contradictio in adjecto erscheinen. Eine »Planung des Marktes« ist in der Tat eine logische Unmöglichkeit; insofern kann die einschlägige westliche Kritik kaum der Unwissenschaftlichkeit geziehen werden.

Erklärbar ist dieses Paradoxon nur *historisch*, als *Vergangenheits-Form* des Kapitals, die in einigen Weltgegenden über ihre eigentliche Lebenszeit hinaus sich weitergeschleppt hat. Der Kapitalismus oder das warenproduzierende System hat sich auch einmal historisch durchsetzen müssen, d.h. diese gesellschaftliche Form konnte nicht schon immer auf dem Boden ihrer eigenen Logik agieren, sondern benötigte in einem langen Aufstiegs- und Entwicklungsprozeß ihr selber keineswegs wesensgleiche *Durchsetzungsformen* in einem fremden, in großen Sektoren noch vorkapitalistischen Milieu. Betrachten wir diese historisch spezifischen Formen, so zeigt sich, daß Staat und Politik in *allen* kapitalistischen Modernisierungsgesellschaften ursprünglich als Kommandosubjekte der Warenökonomie in jedem bedeutenden Entwicklungsschub auftraten, vom merkantilistischen Absolutismus bis zu den *Kriegswirtschaften* der Weltkriegsepoche in der ersten Hälfte des 20. Jahrhunderts. Gerade die kriegswirtschaftlichen Strukturen wiesen auch im Westen Merkmale auf, die dem Realsozialismus ganz ähnlich waren, insbesondere die Einschränkung oder Aussetzung der betriebswirtschaftlichen Konkurrenz zum Zweck militärisch inspirierter gesamtgesellschaftlicher Planungselemente.

Wenn es sich aber so verhält, dann ist es auch einsichtig, daß die Problematik der historisch-politischen Durchsetzungsformen des Kapitals (mitsamt dem inhärenten Kommandowillen gegenüber der Konkurrenzbewegung des Marktes) besonders virulent geworden ist bei den historischen Nachzüglern. Je später eine Gesellschaft in die Sphäre der warenförmigen Reproduktion und des Weltmarktbezugs eintrat, je mehr sie einer »nachholenden Modernisierung« unterlag, desto stärker mußte die staatlich-politische Durchsetzungsform in Erscheinung treten und desto mehr mußte der kriegswirtschaftliche Planungsanspruch erstarren und sich am Leib der Gesellschaft festkrallen über seine relative historische Binnenrationalität hinaus. Daß dies in Rußland und anderen agrarischen Ländern des Ostens geschah, ist ebenso verständlich wie die spätere modifizierte Wiederholung dieser Problematik in den anti- und postkolonialen Befreiungsbewegungen der 3. Welt und den daraus hervorgehenden Modernisierungsstaaten.

Im Westen aber war es gerade Deutschland, das asynchron zu den angelsächsischen, französischen und westmitteleuropäischen Zentren der kapitalistischen Formation selber schon ein Menschenalter vor den Modernisierungsgesellschaften des 20. Jahrhunderts eine in ihren besonderen Verlaufsformen lange fortwirkende Nachzüglerentwicklung des warenproduzierenden Systems durchgemacht hatte. Es war die fast über zweihundert Jahre hinweg den westlichen Spitzenreitern der Moderne nachtrottelnde und lange Zeit sprichwörtliche Schlafmützigkeit der deutschen Weltmarktintegration, die schließlich Dopingmittel von gewaltiger Zerstörungskraft für eine erst spät gelingende Aufholjagd benötigte, deren kulturhistorische und sozialpsychologische Spuren immer noch in der Archäologie der Strukturen feststellbar sind; und keineswegs zufällig war es die preußische Militärmaschine, die trotz ihrer feudalen sozialen Verankerung zum wesentlichen Träger dieses Prozesses wurde. Ebensowenig zufällig war es, daß die gerade aus diesem historischen Nachzüglerproblem heraus besonders rigide und den Marktformen gegenüber barsch auftretende Kriegswirtschaft des deutschen Kaiserreichs viel eher als die Marxsche Ökonomiekritik zum Formvorbild des bolschewistischen Modernisierungssozialismus und damit indirekt sämtlicher einschlägigen Nachfolgeprojekte des 20. Jahrhunderts wurde.

Diese historischen *Durchsetzungsformen* des Kapitals erzeugten natürlich auch entsprechende ideologische Illusionen, die sich als sowohl von Rechten wie Linken in Anspruch genommenes Primat der Politik definieren lassen. Die Politik, noch nicht klar erkennbar als bloß *abgeleitete Sphäre* der an sich blinden, subjektlosen Reproduktionsbewegung des noch nicht zur gesellschaftlichen Totalität ausgereiften warenproduzierenden Systems, schien gerade umgekehrt zu dessen vorgesetztem freien Willensträger zu avancieren. Dennoch ahnten die vermeintlich selbstherrlichen Kommandosubjekte der in ihrer totalen Reproduktion warenförmig werdenden und sich ausdifferenzierenden Gesellschaft immer wieder und von Anfang an, daß sie bloß Binnensubjekte und also letzten Endes unselbständige Handlanger einer unbeherrschten, quasi-naturgesetzlichen Gesamtentwicklung waren, die sich anschickte, jenseits aller partikularen Zielsetzungen die ganze Welt ohne Ansehen der Nation oder Rasse, des Geschlechts oder der Religion zu erfassen.

In Deutschland spürten schon im Augenblick der Gründung des Zweiten Reiches, d.h. des ersten im Kontext der warenproduzierenden Moderne, gerade die wilhelminischen Vollstrecker dieser Logik, wie sehr diese ihnen äußerlich war, wie fremd ihr eigener Sieg und Herrschaftsanspruch in einem ganz anderen, undurchschauten Bezug: »Wehmut und Unsicherheit, gelindes

Grauen vor der neuen Ära spricht aus den Berichten vieler Augenzeugen. Die Hauptpersonen, insbesondere Wilhelm I., fühlten sich eher als Leidende, die sich einem unvermeidbaren historischen Prozeß unterwarfen, denn als Handelnde« (Harry Pross). Schon damals wurde also jene Bewußtlosigkeit der Form sichtbar, die Pross keineswegs inadäquat kennzeichnet: »Sinnvolles Handeln erscheint zwecklos. Die Ziele ändern sich unter den Händen derer, die sie verfolgen.«

Auch Hitlers Redeweise von der »Vorsehung« spricht eher von einem gleichsam drohenden Verhängnis der Objektivität als von einem selbstbewußten Subjekthandeln; und dies scheint überhaupt für die seit der Mitte des 19. Jahrhunderts grassierenden biologistischen und rassistischen Determinationslehren zu gelten, die als Übersetzung der subjektlosen Warenlogik in Gesetze der ersten Natur dechiffriert werden können – bis hin zu den phantastischen Weltverschwörungstheorien, in denen verzerrt der Weltmarkt als automatisches Meta-Subjekt aufscheint. Und auch Stalins theoretisches Machtwort von den »ehernen Naturgesetzen« der Warenform, die als bloß nachzuplanende den absoluten Subjektanspruch der Partei grotesk konterkarieren, gehört in diesen Zusammenhang.

Aus diesem ungewohnten Blickwinkel nun gewinnt die deutsche Nachkriegsentwicklung ein völlig verändertes, der ideologischen Topografie diametral widersprechendes Gesicht. Die DDR war im Gegensatz zu ihrer eigenen Lebenslüge (und der ihrer linken »solidarischen Kritiker« von Biermann bis Heym) nie das bessere, sondern immer nur das deutschere Deutschland: eine konservierte und mumifizierte Vergangenheitsform des deutschen Kapitals, ideologisch zwar importiert auf dem Umweg über den bolschewistischen Kriegssozialismus, in ihren realen Strukturen jedoch bloß die historisch eigentlich gegenstandslos gewordene Fortsetzung des deutsch-preußischen nachzüglerhaften Sonderwegs. Nicht etwa der reflexive Ton Marxscher Ökonomiekritik drang hier notwendigerweise ans Ohr, sondern der schnarrende Befehlston der wilhelminischen und faschistischen Kriegswirtschaften; der Zinnsoldatenstechschritt der NVA und Preußens Gloria in den DDR-Lesebüchern waren keine unbegreifliche Verirrung übergeschnappter und aus Moskau eingeflogener deutscher Altkommunisten, sondern Erscheinungsformen der gesellschaftlichen Wesensstruktur. Honecker und Co., die Kommandeure dieses immer gespenstischer werdenden sozialistischen Preußen, mußten zu Trägern eines »unglücklichen Bewußtseins« (Hegel) mutieren. Ihr deklamatorischer und immer hohler klappernder offizieller Antifaschismus gehörte als inzwischen längst selber anachronistische Rivalitätsideologie derselben Epoche an wie der Gegenstand seiner wütenden Negation und glich nach fast einem halben Jahrhundert diesem in den erstarrten gesellschaftlichen Verkehrsformen mehr, als die solche Zusammenhänge tabuisierende Linke je wahrhaben wollte.

Die BRD dagegen ging nach dem 2. Weltkrieg den Entwicklungsweg der Weltmarktvergesellschaftung weiter und glich sich den westlichen Massendemokratien an, in denen die kapitalistische Logik auf neuer und höherer Stufenleiter entfesselt wurde in demselben Maße, wie unter dem Dach der *Pax Americana* die Weltmarktbezüge bis in die Poren der Gesellschaft hineinzureichen begannen und die kriegswirtschaftlichen Verkrustungen aufsprengten. Gerade deswegen aber verlor sich in diesen Gesellschaften der alte politische Kommandowille gegen die kapitalistische Logik zusehends und die Subjektlosigkeit der Marktbewegungen fand in ihrer Übermächtigkeit endlich offene Anerkennung als jener schon immer geahnte quasi-naturgesetzliche Bezugsrahmen eines Automatismus, der alle Entscheidungsprozesse präformiert. In den Nachkriegs-Massendemokratien des Westens setzte daher ein rapider Entzauberungs- und Entwirklichungsprozeß der Politik ein, besonders kraß bei den militärischen Verlierern BRD und

Japan, die aller Allüren und Geschäftskosten der Macht unfreiwillig entledigt waren und gerade deswegen zu den hauptsächlichen Weltmarktgewinnern der Nachkriegsepoche aufstiegen. Eben dieser Tatbestand ist es, der die Phrase vom »politischen Gestalten« der Verhältnisse so hohl und das an einem Kanzler wie Kohl oft bemängelte Aussitzen von Problemen zur herausragenden Fähigkeit gemacht hat.

Damit aber ergibt sich, daß für ein Begreifen der gegenwärtigen historischen Ereignisse ein nochmaliger und vielleicht schwindelerregender Perspektivenwechsel nötig wird. Denn der Zusammenbruch der DDR signalisiert nichts Geringeres als das Ende jener Nachkriegskonstellation, in der sich die skizzierten Entwicklungen vollzogen haben. Gewiß war das historische Monstrum eines preußischen Kriegswirtschaftssozialismus unglaublich überlebt, aber sein Zusammenbruch gerade jetzt ist weder zufällig noch einzig und allein der Obsoletheit innerer Strukturen geschuldet, ebensowenig freilich äußerlichen Interventionen des Westens. Zumal wenn in Rechnung gestellt wird, daß Systemzusammenbrüche nicht bloß die Realsozialismen des Ostens, sondern auch zahlreiche durchaus prowestliche Entwicklungsländer des Südens heimgesucht haben, dann könnte damit auch die Spitze jenes Eisbergs sichtbar geworden sein, an dem die Titanic der Weltmarktgesellschaften schließlich als Ganzes zerschellen muß.

Dieser Verdacht erhärtet sich, wenn zugegeben wird, daß auch der Westen selbst seit längerem eine Verliererregion nach der anderen hervorbringt und neben den kapitalistischen Ländern der europäischen Peripherie gerade die ehemaligen Weltmächte des angelsächsischen Raumes vor dem ökonomischen Kollaps zu stehen scheinen, der sich in Krisen der Finanzmärkte und des Bankensystems vor allem der USA andeutet. Festzustellen, daß sich die internationale Konkurrenz wieder einmal verschärft habe, ist keineswegs eine harmlose Aussage, wenn mit dieser Verschärfung reihenweise Systemzusammenbrüche verbunden und diese Systeme als Bestandteile des einen kapitalistischen Weltmarkts und seiner Logik entziffert sind. Die Selbstauflösung der geplanten Märkte könnte, statt den Sieg der freien Märkte anzukündigen, ganz im Gegenteil ein weiterer Schritt hin zu jener von Marx prognostizierten katastrophischen Krisenschranke der Marktlogik überhaupt sein, selbst wenn es auf den ersten Blick als frivole Kasuistik erscheinen mag, den Zusammenbruch des Sozialismus als Krise des Kapitalismus zu deuten.

Schon jetzt ist abzusehen, daß das Ende der DDR dem BRD-Kapitalismus nicht nur einen bequemen, weil nicht satisfaktionsfähigen und gerade deshalb für die eigene Legitimation verwendbaren Gegner geraubt hat, sondern dessen Einverleibung auch ökonomische Erstickungsanfälle hervorrufen und das eigene innere Krisenpotential abrufen kann. Wären die Ressourcen der Ex-DDR tatsächlich ein Zugewinn an Macht und Erfolg in der heutigen Situation des Weltmarktprozesses, dann wäre die DDR eben auch nicht zusammengebrochen. Nicht ein Verlierer wird einkassiert, sondern bisher getrennte Welten stoßen aufeinander: und es ist kein fremdes System, sondern die Welt ihrer eigenen Vergangenheit und Vorvergangenheit, mit der die BRD in der glorreichen Wiedervereinigung zusammenknallt und dabei selber gewissermaßen nach rückwärts alternd zu ihrem Nachteil verändert wird.

Daß es sich um einen prekären Aufbruch nach rückwärts handelt, ist allein schon daran abzulesen, daß Kanzler Kohl die Entscheidung für die Wiedervereinigung gegen die ökonomische Logik und offen gegen den Rat und die Auffassungen so ziemlich sämtlicher Wirtschaftsexperten getroffen hat, und übrigens auch gegen den ausdrücklichen Willen der Bundesbank, die noch im Frühjahr 1990 eine schnelle Wirtschafts- und Währungsunion für unmöglich erklärt hatte. Kohl hat also unter heroischer Mißachtung seiner wahren und unbestreitbaren Aussitzerqualitäten eine ökonomisch kontraproduktive staatsmännische Entscheidung geradezu antiken Zuschnitts getroffen: »Die offenkundige Wandlung des Bundeskanzlers vom Stümper zum Staatsmann und sein hoher Grad an Aktivitäten sind verblüffend gewesen« (*Financial Times*). Als Rückfall in einen politischen Kommandowillen gegen die objektiven Automatismen der doch gleichzeitig beschworenen Marktlogik war diese Tat anachronistisch und selber schon ein Moment des Ereiltwerdens von der in der DDR inkarnierten Vergangenheit. Kohl mußte gegen die Natur des spätmodernen Politikers überhaupt handeln, gerade weil das globale Marktsystem nicht mehr funktioniert und seine Krise die Grenzen und Dämme zwischen den diversen Subsystemen niedergerissen hat. Verständlich, daß der Kanzler nun allzu gerne zum bewährten Aussitzen zurückkehren möchte, obwohl er sich dabei anschickt, mit dem nackten Hintern auf einer glühenden Grillplatte zu Stuhle zu kommen. Immerhin scheint er bereits zu ahnen, daß er das erste Königsopfer der Wiedervereinigung werden könnte.

Daß die westdeutsche und westeuropäische Linke all dies ganz anders sieht, daß sie ebenso wie ihre konservativen Antipoden einen »Sieg des Kapitalismus« zu sehen wähnt, ist offenbar ihrem eigenen anachronistischen Charakter geschuldet. Gerade die Linke scheint am allerwenigsten den Realitäts- und Ernsthaftigkeitsverlust der Politik in den vergangenen Jahrzehnten mitbekommen zu haben, weil sie selber in diesen Sekundärformen der Marktlogik denkt und als ideologische Erbin des alten Modernisierungssozialismus stets nur politische Markteingriffe mit der Demokratisierung verheiraten wollte, ohne zu merken, daß die auf dem warenproduzierenden System beruhende moderne Massendemokratie identisch ist mit der Entwirklichung des Politischen. Freilich hat sich der unverdrossen weitergeschleppte linke Politikfetisch inzwischen längst von jeglicher Ökonomiekritik entkoppelt und wie alle bürgerlichen Subjektformen vor der selbstläufigen Marktlogik kapituliert, um zu einer den Verhältnissen hilflos äußerlichen Verantwortungsethik herabzusinken.

Dasselbe gilt wohl erst recht für die östlichen »deutschen demokratischen Revolutionäre«, die unwissentlich in einen gänzlich verselbständigten Systemzusammenbruch der steinalten preußischen Kriegswirtschaft hineinstolperten, für den sie wirklich nichts konnten. So ist es auch kaum verwunderlich, daß die inzwischen verdientermaßen schon wieder abservierten Protagonisten dieser Revolution nicht nur die hereinbrechende Krisenlogik des Weltmarkts gar nicht begriffen, sondern darauf auch bloß mit denselben lauwarmen Reformphrasen wie die westliche Linke antworteten. Dem verhärmten 50er-Jahre-Humanismus, wie ihn die Aktivisten z.B. des Neuen Forums abstrahlen, entsprechen die hilflosen Illusionen der diversen ökologisch-sozialen Marktwirtschaftsprogramme vollständig. Während aber die Ethik-Branche sich im Westen wenigstens damit bescheidet, mit ihrer Verantwortungsware ein beliebiges Marktsegment neben Potenzpillen und Mitteln gegen Mundgeruch abzudecken, scheinen die Ost-Humanisten derartige ideologische Scherzartikel auf Basis des Marktsystems auch noch ernst zu meinen. Die ostdeutschen Massen handelten keineswegs unrichtig, als sie solche Grüppchen beiseite schoben; denn diese an die vakant gewordene Macht zu hieven, hätte geheißen, Leute als Chefärzte zu bestellen, die Lungenkrebs mit Kamillentee therapieren wollen.

Die patriotische Aufwallung in Ostdeutschland nach dem ökonomischen Zusammenbruch der DDR war leicht durchschaubar nichts als die politisierende Mimikry derer, die von den Mauer und Stacheldraht überschreitenden Medien schon lange gelernt hatten, was Sache ist. »Deutschland einig Vaterland« wurde auch sogleich übersetzt in die *lingua franca* der aufgeklärten Aufklärung von Marktsubjekten: »Kommt die DM, bleiben wir, kommt sie nicht, gehn wir zu ihr.« In ihrer Not hätten die Exbürger der DDR bei einiger Aussicht auf Hilfe und

Erfolg ebensogut die Fahnen von Tibet oder Liechtenstein geschwungen. So aber wurde der Kanzler Kohl zu seiner anachronistischen politischen Entscheidung gezwungen, die durchaus in einem relativen Interesse der Ostdeutschen lag unter den Voraussetzungen der unüberwundenen Marktlogik und deren sich anbahnender Weltkrise.

Denn während die meisten Länder des Ostens und des Südens ihren diversen Zusammenbrüchen schutzlos ausgeliefert bleiben, haben die Ostdeutschen, die trotz aller üppig blühenden Wirtschaftswunderillusionen eine instinktive Arbeiter- und Bauernschläue an den Tag legten, ihr Wohlergehen einem der letzten übriggebliebenen Weltmarktgewinner aufgehalst und damit zwar das Fortschreiten des Krisenbrandes nicht verhindert, aber sich in dessen weiteren Verlaufsformen aus der Position des verzweifelten Bittstellers in die Lage dessen hieven können, der pochend sein gutes Recht fordert. Der ungeahnte, von niemandem mehr für möglich gehaltene Vollzug des Vereinigungsgebotes im BRD-Grundgesetz, in den Kohl getappt ist wie der Bär in die Falle, bringt für die Westdeutschen umgekehrt die mehr als ungemütliche Zwangseinquartierung von 17 Millionen, deren Leben von der Weltmarktkrise für ungültig erklärt worden ist und die nichts mehr besitzen als jenes Recht, das ihnen die Verfassung in einer ganz anderen Situation zugebilligt hat.

Insofern könnte man ironisch von Honeckers Rache sprechen, die sich mit der Einverleibung der DDR an der wunderbaren BRD vollzieht, die bisher den Ereignissen der Weltmarktkrise aus der Königsloge zuschauen konnte, gerade durch die Wiedervereinigung aber in den Strudel der Zusammenbrüche mit hineingerissen wird. Das sang- und klanglos aus der Taufe gehobene Vierte Reich, dessen Geburt weniger von patriotischer Massenbegeisterung begleitet war, sondern eher von ahnungsvoll tristen Massenbesäufnissen mit anschließenden Massenkarambolagen, kann so durchaus die Katastrophenträchtigkeit aller bisherigen Deutschen Reiche einholen, freilich auf eine gänzlich andere Weise, als dies in den ebenso billigen wie unüberlegten Mahnungen und Warnungen der ein wenig dement gewordenen Berufs-Antifaschisten an die Wand gemalt wird. Die deutsche Einheit bringt wie immer den crash, aber die gespenstische Wiederkehr der Vergangenheit ist nicht die Wiederkehr des Gleichen, sondern findet in einer völlig veränderten, vom Weltmarkt und dessen Krise umgepflügten weltgesellschaftlichen Landschaft statt.

Die Nutzlosigkeit deutschen Fleißes
Das doppelte Selbstdementi einer falschen Nationaltugend

Auf der wundersamen Reise nach rückwärts begegnet uns gleich als erstes Gespenst der gute alte deutsche Arbeitsfleiß wieder, jene Lesebuchgestalt und Sekundärtugend, mit deren Hilfe die fleißigen Deutschen in der Vergangenheit die größten Verheerungen und die scheußlichsten Verbrechen betriebsmäßig durchorganisiert hatten. Dieser ekelhafte Fleiß geistert nun wieder durch die besinnungslosen Sonntagsreden der Wiedervereinigungspolitiker, die nach einer psychologisch wirksamen Bewältigungskraft für die bevorstehenden Kriseneinbrüche Ausschau halten. »Deutscher Fleiß und deutsches Geld« werden mit der stehend abgekrächzten Nationalhymne beschwörend in einen Kausalzusammenhang gebracht, gerade weil das »deutsche Geld« durch die Wiedervereinigung seine globale Geltung einzubüßen droht.

Denn die niederkonkurrierten preußischen Stechschrittsozialisten, die den konsequenten Geldkritiker Karl Marx dadurch beleidigt hatten, daß sie sein Porträt ausgerechnet auf einen windigen Hundertmarkschein drucken ließen, bringen ihr kaputtes Geld nun als üble Morgengabe in die Wiedervereinigungshochzeit ein. Mit dem unvermeidlichen Eintausch der auf dem Weltmarkt wertlosen Ostwährung werden aber nicht etwa großartige Ressourcen an (»fleißiger«) Arbeitskraft und Material erkauft, sondern im Gegenteil wird das Ungültigkeitsurteil des Weltmarkts über die Arbeit der DDR künstlich und zum eigenen ökonomischen Schaden politisch unterlaufen. Weil der Zusammenbruch der DDR sich subjektlos vollzogen hatte, d.h. in Wirklichkeit nicht durch die müden demokratischen Sekundäraufwallungen, konnte sein Inhalt auch nur im galoppierenden Wertloswerden der DDR-Arbeit bestehen, was die Wertlosigkeit des DDR-Geldes nach sich ziehen mußte.

Die zwangsfixierte ideologische Betonung von Fleiß und Arbeit als Bewältigungskompetenz für die Vereinigungskrise wirkt aber umso fataler, als das Bankrottunternehmen der DDR sich keineswegs zu Unrecht immer als die konsequentere Arbeitsgesellschaft auf deutschem Boden dargestellt hatte. Der abstrakte Arbeiter und sein schmutziger Fleiß waren das monumentale, jedoch immer mehr bröckelnde Heroenbild dieser Gesellschaft; im »Kaderwelsch« (Martin Ahrends) der DDR-Nomenklatura wurden viele Wortverbindungen »durch die Kombination mit *Arbeiter* aufgewertet, so "Arbeitertheater", "Arbeiterfestspiele", "Arbeiterpersönlichkeit"«. Und der Ruinen produzierende »deutsche Fleiß« erschien in der DDR-Arbeitsgesellschaft erst recht ausdrücklich und ideologisch als Identitätsforderung, um gerade allen subjektiven und persönlichen Lebensansprüchen mit Zwangsgewalt übergestülpt zu werden.

Auch dieser Arbeitsfetischismus verweist in die Vergangenheit des deutschen Kapitals und nicht auf eine postkapitalistische Zukunft. Freilich war der historische Sommer des Arbeitswahns insgesamt ein ebenso kurzer wie zerstörungsintensiver. Nicht umsonst fällt seine ideologische Blüte mit der Weltkriegsepoche zusammen, während er im fordistischen Nachkriegsboom des Westens schon zu welken begann.

Noch bis zum Ende des 19. Jahrhunderts hin hatte im damaligen deutschen Ständestaat, der von Adel und Militär dominiert wurde, für die »besseren Kreise« ganz unbefangen die Parole gegolten, daß »Arbeit schändet«. Die ostelbischen Junker und die preußischen Leutnants wären nie auf die Idee verfallen, daß der »deutsche Fleiß« eine ihnen selber zukommende Eigenschaft sein könnte;

war er doch reserviert für den »Arbeiterstand«, den es durch patriarchalische Härte vor Trunksucht und Ausschweifungen zu bewahren galt.

Diese Grundhaltung teilte sich den aufstrebenden Bürgerlichen mit, die sich in Nachahmung des Adels weniger als »fleißig« denn als »vornehm« darstellen wollten. Während Adelsverleihungen an bürgerliche Finanziers längst üblich waren, konnten die Söhne eines noch selbst in seinem Betrieb sichtbar und aktiv arbeitenden Kapitalisten nicht einmal Offiziere werden. Kein Wunder, daß nach dem Sieg über Frankreich und der Gründung des Zweiten Reiches 1871 mit Hilfe der französischen Reparations-Milliarden weniger ein arbeitsgesellschaftlicher Schub, als vielmehr erst einmal ein Spekulationsboom einsetzte, der mit dem Finanzkrach der Gründerzeit endete.

In dieser Welt schien es allein die sozialdemokratische Arbeiterbewegung zu sein, die der Arbeit soviel Ehre abzugewinnen vermochte, daß sie darin ein für die Gesamtgesellschaft verbindliches Lebensziel sah, eine im Zukunftsstaat allen Gesellschaftsmitgliedern ohne Ausnahme aufzuerlegende Pflicht. Die in diesem Arbeiter-Programm schon aufscheinende Affinität zum preußischen Militarismus der *Form* nach war trotz aller äußerlichen Feindschaft durchaus bewußt: »Wir sind Soldaten und Sozialdemokraten, beides mit Leib und Seele«, dieser patriotische Standardspruch (Helga Grebing) ließ die Kader der Arbeitermassenorganisationen schon als die besten Unteroffiziere erkennen. Die sozialdemokratische Kritik an Preußen betraf weniger den Grundcharakter der Staats- und Militärmaschine, als vielmehr die Tatsache, daß die Arbeiter davon ausgeschlossen waren (Dreiklassenwahlrecht etc.). Aber der heimliche deutsche »Traum von einem antiliberalen Bündnis zwischen der Rechten und der extremen Linken, von einem autoritären und neukonservativen "preußischen Sozialismus" sollte in der deutschen Geschichte periodisch wiederkehren« (Joseph Rovan).

Die Arbeiterbewegung war sich dagegen nicht bewußt, daß sie mit ihrem vermeintlich antikapitalistischen Programm einer verallgemeinerten und totalen Arbeitsgesellschaft nichts anderes als ein *Modernisierungs*-Programm des Kapitalismus selbst entworfen hatte, das sich auch über ihre Organisationen hinweg durchsetzen konnte. Die erste Hälfte des 20. Jahrhunderts als Epoche der Massenschlächtereien sollte in den Kriegswirtschaften rasch deutlich machen, daß die Zerstörung des Ständestaates und die gesellschaftliche Totalisierung der abstrakten Arbeit, wie sie in den Materialschlachten sich angedeutet hatte, für die kapitalistische Entwicklung selbst notwendig wurde: und ebenso wie die entsprechenden staatsökonomischen Strukturen vor allem für den historischen Nachzügler Deutschland. Erst jetzt setzte sich mit besonderer Gewalt der »deutsche Fleiß« als neo-preußisches *Zwangsideal für alle* durch. Die einschlägige Ideologie kam nun mehr denn je auch von rechts: »An die Stelle der bürgerlichen Verfassungen tritt der Arbeitsplan«, wie es Ernst Jünger 1932 in seinem »Arbeiter« formulierte.

In diesem aufsteigenden Milieu des »totalen Fleißes«, in dem sich die Arbeitsehre der Sozialdemokratie mit den Anforderungen der neuen kapitalistischen Massengesellschaft verschwisterte, wurden ganze Generationen für immer geprägt von einer rein äußerlichen, einer Schäferhunddressur vergleichbaren abstrakten und inhaltsleeren Arbeitswut.

Die Nationalsozialistische Deutsche Arbeiterpartei (NSDAP) trug daher ihren Namen keineswegs zur ideologischen Irreführung der Werktätigen durch »Nichtarbeiter«, sondern sie war Ausdruck derselben Entwicklungslogik abstrakter »Arbeit« wie die sozialdemokratischen und kommunistischen Konkurrenzunternehmen auf demselben historischen Boden. Die fortgeschrittensten Rechtsradikalen verachteten nun die »Nichtarbeit« genauso wie die Linken und trugen damit dem anstehenden Schub einer weiteren Durchkapitalisierung der deutschen Gesellschaft Rechnung. Keineswegs zufällig war es, daß die nationalsozialistische Machtergreifung 1933 von einer »kampflosen Kapitulation« (Manfred Scharrer) der sozialdemokratisch-kommunistischen Bewegungen begleitet war und daß die mehr als vierzigtausend hauptamtlichen und mehrere hunderttausend ehrenamtliche Funktionäre der Deutschen Arbeitsfront (DAF) sich in weit höherem Maße aus den alten Gewerkschafts- und Parteiapparaten der Arbeiterbewegung rekrutierten, als es die linken Legenden wahrhaben wollen.

Denn die politische Todfeindschaft zumal von Kommunisten und Nationalsozialisten konnte durchaus beiderseits in Affinität umschlagen, deren objektive Grundlage immer die gemeinsame, nur unterschiedlich akzentuierte Totalisierung der abstrakten »Arbeit« war. Gewiß hätte ein Sieg der traditionellen deutschen Arbeiterbewegung in dieser oder jener Koalition eine weniger katastrophale und irrationale Verlaufsform des Modernisierungsprozesses kapitalistischer Strukturen ermöglicht, aber eben auch keine andere gesellschaftliche Basislogik installiert. Während die Linke seither damit beschäftigt ist, die verlorenen Schlachten der Vergangenheit im Kopf abermals zu schlagen und den Nationalsozialismus im nachhinein gespenstig pantomimisch doch noch zu besiegen, ist ihr die fortschreitende Entwirklichung der damaligen gesellschaftlich-historischen Konstellation völlig entgangen.

Die DDR hatte nicht nur die kriegswirtschaftliche Form, sondern auch den arbeits-totalitären *Inhalt* der Weltkriegsepoche beerbt, und insofern auch in dieser Hinsicht als nachträglicher, unselbständiger Scheinsieger ein wesentliches und keineswegs bloß ideologisches Moment des kurzlebigen Dritten Reiches selber aufgesaugt. Gerade deswegen aber trug sie auch von Anfang an den Keim des Anachronismus in sich. Denn sie begann nun, jenen neo-preußischen Totalitarismus der »Arbeit für alle«, wie er in der Kriegs- und Zwischenkriegszeit die gesellschaftliche Reproduktion revolutioniert und modernisiert hatte, strukturell zu konservieren bis zur Versteinerung. Hatte Marx in seiner Ökonomiekritik die »abstrakte Arbeit« des warenproduzierenden Systems schon früh als Zerstörungspotenz erkannt, so wurde sie nun zur offiziellen Staatsdoktrin des faktisch tatsächlich »an die Stelle der bürgerlichen Verfassung« von Konkurrenzsubjekten getretenen »Arbeitsplans«.

Während aber dieselben hammer- und sichelschwingenden Muskelidioten wie im Nationalsozialismus stumpf glotzend die Erzeugnisse der bildenden Kunst zu bevölkern begannen, wurden die realen Ergebnisse der »Allgemeinheit der Arbeit« immer miserabler. Die als Warenproduzenten voneinander getrennten betriebswirtschaftlichen Einheiten produzierten ins Leere, weil der dennoch vorhandene Markt seines Funktionsmechanismus entledigt war: der abstrakte Verbrauch von Arbeitsmengen um seiner selbst willen, entkoppelt vom Produktivitätszwang der Konkurrenz, ließ die Planbürokratie immer mehr erodieren und führte zu grotesken Formen der Vergeudung, wie etliche Betriebsleiter hilflos selbstanklägerisch bei den Bürgerdialogen in der Agoniephase der DDR berichten mußten:

»Jahr für Jahr haben wir zig Tonnen der wertvollsten Rohstoffe auf den Schrotthaufen geschmissen. Unser Betrieb hat die Aufgabe, Elektromotoren für den Export zu montieren. Dazu bekommen wir Spulen und Gehäuse aus anderen Kombinaten geliefert. Aber um die Spulen ist Kupferdraht gewickelt, dessen Durchmesser nicht der Bestellung entspricht. Also müssen wir den ganzen Draht abspulen und wegwerfen. Dann warten wir wochenlang auf Draht aus einem dritten Kombinat, den wir neu aufwickeln, bevor wir den Motor endgültig montieren können«.

Der dressierte Schäferhund mutierte so zum Hamster im Laufrädchen, die preußisch-bürokratische Vollbeschäftigung zur surrealen Ausschußproduktion eines beschäftigungstherapeutischen Absurdistan. Die museal gewordene Qualität dieser Jahrzehnte lang militarisierten, aber gerade deswegen zunehmend ineffektiven und in eine Art »Gammeldienst« übergehenden Massenarbeit (wie im Westen bei der Bundeswehr bekannt) mußte schließlich diese Sorte von erodiertem »deutschen Fleiß« auf den sich verändernden Weltmärkten blamieren. Die Einfuhren konnten nur noch mit Hilfe von Krediten notdürftig bezahlt werden, weil die auf dem Niveau bestenfalls der 50er Jahre eingefrorene Arbeitsgesellschaft der DDR ständig weiter hinter die Anforderungen der globalen Produktivität zurückgefallen war. Der DDR-Devisenbeschaffer Alexander Schalck-Golodkowski (»Ich bemühe mich wie jeder andere, meine Leistung und meine Arbeitskraft zu vermarkten. Ich hoffe, die Erfahrungen aus vierzig Jahren Arbeit wieder so einsetzen zu können, daß ich damit auch in der Bundesrepublik gut leben kann«) wußte nach eigenem Bekunden schon 1981, daß die Zahlungsbilanzsituation der DDR hoffnungslos wurde:

»Der Präsident der Außenhandelsbank, Professor Polze, mußte jährlich, allein um die Zahlungsfähigkeit des Staates zu sichern, neue Kredite in Höhe von fünf bis sechs Milliarden D-Mark aufnehmen. Wir hatten ja nicht nur die laufenden Einfuhren zu bezahlen, sondern auch die Zinsen für die Schulden und die Zurückzahlung aufgenommener Kredite. Uns haben die Zinsen erdrückt, die Zinslast war gewaltig«.

Diese Blamage der staatssozialistischen »Helden der (Gammel-)Arbeit« auf den Weltmärkten war freilich auch dadurch bedingt, daß die westliche konkurrenzökonomisch erzwungene Produktivkraftentwicklung ihrerseits den bloßen Arbeitsfleiß mit umgekehrtem Vorzeichen zu blamieren begonnen hatte. Wie die Einbindung der BRD in den dynamisierten Nachkriegs-Weltmarkt die ererbten kriegswirtschaftlichen Strukturen aufbrach, so hebelte sie erst recht auch sukzessive die Grundlagen des »deutschen Fleißes« aus. Schon die im Rahmen der *Pax Americana* rasch exportorientierten fordistischen Massenindustrien (Automobilproduktion, Elektroindustrie) setzten auf immer neuer Stufenleiter *Rationalisierungs*-Effekte frei bis tief hinein in die Bereiche beruflicher Qualifikation.

In demselben Maße, wie sich die westliche »Arbeit« als mögliches Potential der Selbstverwirklichung und des Selbstbewußtseins durch ihre weiter- und über die kriegswirtschaftliche grobe Allgemeinheit hinausgehende Vergesellschaftung und Monotonisierung erschöpfte, verlagerte sich die Kompensation ihrer Heteronomie aus dem früheren Arbeitsstolz zunehmend in die abgetrennte Freizeit und in den Massenkonsum von Gütern, die einstmals nur den Eliten vorbehalten gewesen waren. Insbesondere die »Automobilmachung« kreierte eine fordistische, selber mechanisierte Freizeitkultur und ein entsprechendes Lebensgefühl. Die Westdeutschen besuchten ihre europäischen Nachbarn jetzt nicht mehr in Kettenfahrzeugen und als Menschenschlächter, sondern in Volkswagen und als Massentouristen.

Mit dem Vormarsch der postfordistischen Chips und Computer, Steuerungssysteme und Industrieroboter, automatischen Produktionsstraßen und flexiblen Fertigungszellen wurden seither die arbeitsintensiven Komplexe im Westen rapide wegrationalisiert; und zwar nicht nur in der von ihrer Fließstruktur her dafür besonders geeigneten Automobilproduktion, sondern inzwischen flächendeckend in der gesamten Industrie. Beim Büromaschinenhersteller Triumph-Adler wird eine Schreibmaschine heute von zwei Personen montiert, während es in den 70er Jahren noch zwanzig waren; bei Grundig hat sich allein zwischen 1983 und 1988 der Ausstoß eines Monteurs um 400 Prozent gesteigert. Und trotzdem handelt es sich bei diesen Konzernen sogar noch um relative »Verlierer« auf dem Weltmarkt. Aber auch in den kleineren sogenannten Mittelstandsindustrien wurde die Arbeit immer schneller zurückgedrängt. Die Schuhindustrie der BRD, obwohl als Problembranche in der Exportkonkurrenz rückläufig, hatte 1987 durch automatisierte Produktionstechniken die Beschäftigung um 5 Prozent gesenkt, während sich der Ausstoß um 1 Prozent steigerte. Auch in der Bekleidungsindustrie beginnen längst die Lohnkosten ihre noch in den 70er Jahren entscheidende Bedeutung zu verlieren; so wurde 1986 bei einem Kongreß des Internationalen Verbandes der Bekleidungsindustrie (IAF) ein Lasersystem vorgestellt, das einen Anzug innerhalb von drei Minuten automatisch zuschneiden kann.

In demselben Maße, wie die blinde Dynamik der Weltmarktvergesellschaftung im Westen die Politik entwirklichte, entzauberte sie auch die Arbeit; und beide Prozesse sind offenbar miteinander verbunden. Freilich beseitigte die tendenzielle Entleerung des Kapitalismus von seinem »Arbeits«-*Inhalt* nicht die *Form* der totalen Ware-Geld-Beziehung, in der die Verteilung des produzierten Reichtums allein von der Zahlungsfähigkeit und diese wieder von der Arbeit abhängt. Gerade die immer höhere Produktivität führte so, statt sich in »Genuß für alle« zu übersetzen, zu einer weltweiten Massenarbeitslosigkeit, die auch in der BRD immer höher kletterte und selbst im gegenwärtigen Superboom nur knapp unter die 2-Millionen-Grenze gedrückt werden kann. Diese Massenarbeitslosigkeit ist begleitet von einer »neuen Armut«, die in der BRD im Laufe der 80er Jahre die Zahl der Sozialhilfeempfänger mehr als verdoppelte. Je höher also die kapitalistische Produktivität, desto mehr Menschen werden auf die Erbärmlichkeit des Existenzminimums zurückgeworfen.

Andererseits aber zeigt das Stichwort von der »Krise der Arbeitsgesellschaft«, selbst wenn es begriffslos in keinster Weise auf die gesellschaftliche *Form* dieser Arbeit zurückbezogen ist, zumindest indirekt die nur in negativer Gestalt erscheinenden Emanzipationspotentiale an. Auch im Massenbewußtsein ist die Arbeit als Instanz der Sinngebung entwirklicht; trotz drohender Arbeitslosigkeit sinkt, von Konservativen beklagt, die Arbeitsmoral stetig, und selbst bei den Top-Managern breiten sich neben Yuppie-Scheinprofessionalität und effektvoll zelebrierten Schüben von Arbeitssucht in Wirklichkeit auch Fleiß-Unlust und Hedonismus aus.

Der deutsche Mythos der Arbeit ist durch den Prozeß der Verwissenschaftlichung des Kapitals ad absurdum geführt. Und trotzdem verharrt die gesellschaftliche Reproduktion in dieser Form: der Widerspruch zwischen Arbeitsplatzforderung und Arbeitsunlust, zwischen abstrakter Notwendigkeit des gesellschaftlichen Fetischs und konkret denkbar gewordener Freiheit treibt die aberwitzigsten Blüten. Um der Arbeitsplätze und des damit verbundenen abstrakten Gewinns willen werden Selbstzweck-Zerstörungsproduktionen in Gang gesetzt oder gehalten; das »Steigern des Sozialprodukts«, obwohl schon in Faschingsschlagern verulkt und von niemandem mehr persönlich ernst genommen, bleibt trotzdem als in der fetischistischen gesellschaftlichen Form objektiviertes Ziel bestehen. Keiner hat mehr Lust zur sinnlos gewordenen abstrakten »Arbeit«, aber jeder ist gezwungen, sich an seinem Arbeitsplatz festzuklammern, selbst wenn er mit high-tech-Mitteln und hochproduktiv gemeingefährlichen Schwachsinn produziert, vor dem es ihn selber graust.

Es wird so erkennbar, daß durch die westliche Produktivkraftentwicklung das Kapital an die Schwelle jener krisenhaften und katastrophischen, in seiner eigenen Form nicht mehr bewältigbaren Aufhebung der Arbeit herangerückt ist, wie sie in der Marxschen Theorie prognostiziert worden war. Die DDR aber hatte ihrerseits die kapitalistische Form der Arbeit nicht überwunden, sondern auf dem Totalisierungsniveau der Kriegswirtschaft historisch eingefroren. Wenn es keine Arbeitslosigkeit gab, so nicht aus einer Überwindung des abstrakten Arbeitsfetischs heraus, sondern weil der zunehmend unterproduktive und anachronistische preussische Staatssozialismus sich auf dem Niveau kapitalistischer Vergangenheit durch Mauer und Stacheldraht eingeigelt hatte.

Die billige Selbstlegitimation der DDR angesichts der westlichen neuen Armut wurde schließlich zwangsläufig dementiert, weil der deutsche Arbeiter- und Bauernstaat trotz militärischer Abschottung über den Weltmarkt mit den westlichen Ökonomien kompatibel blieb und ihn somit über die Schiene der Zahlungsbilanz das Schicksal des Staatsbankrotts ereilen mußte. Wenn eine auf abstrakter Arbeit und damit Ware-Geld-Beziehungen beruhende Nationalökonomie im Austausch mit anderen solchen Volkswirtschaften in der Produktivität immer weiter zurückfällt, also relativ immer mehr eigene »Arbeit« gegen immer weniger fremde eintauscht, muß sie logischerweise irgendwann einmal zahlungsunfähig werden. Blieben aber beim relativen Weltmarktgewinner BRD Massenarbeitslosigkeit und Armut sektoral vorläufig begrenzt und konnten durch das sozialstaatliche Netz notdürftig aufgefangen werden, so wurde die produktivitätsschwache, militarisierte und nur deswegen künstlich auf Vollbeschäftigungsniveau gehaltene DDR-Arbeit vom Weltmarkt *als Ganzes* für ungültig und damit zur absoluten Armutszone erklärt. *Innerhalb* einer kapitalistischen Logik ist dies völlig korrekt und unvermeidlich.

Im Grunde genommen wurde allerdings mit dem Zusammenbruch der DDR auch die arbeitsgesellschaftlich fixierte sozialstaatliche Ideologie der Gewerkschaften und der westlichen Linken dementiert, die ja auch nichts Besseres wissen, als staatliche »Beschäftigungsprogramme«, »Vollbeschäftigung« und »Arbeitsplätze« innerhalb des kapitalistischen Arbeitsfetischs zu fordern.

Schon seit 1984 steht das Aktionsprogramm der IG Metall unter dem Motto: »Der Mensch muß bleiben« (in der Fabrik!), und IGM-Chef Steinkühler forderte allen Ernstes, es solle »anstelle von Rationalisierungsmaßnahmen, die Menschen verdrängen, jeweils geprüft werden, ob beim Einsatz neuer Techniken arbeitsorientierte Lösungen möglich seien«. Das »hinter dem Rükken« des Kapitals durch dessen eigenen, konkurrenzvermittelten Prozeß der Verwissenschaftlichung aufgebaute Emanzipationspotential, das in der kapitalistischen Form nur sozial und ökologisch destruktiv erscheinen kann, soll trotzdem weiter in diese Form gebannt bleiben, und eine Lösung nur in dieser Form gedacht werden dürfen.

Die Ironie der Geschichte will es, daß ausgerechnet die konservativ-liberale Bundesregierung sich in dieselbe ideologische und politische Falle begeben hat. Allzu eilfertig ihren vermeintlichen politischen Sieg vollstrekkend, hat sie völlig übersehen, daß gerade dadurch die Grundlagen dieses Sieges selber dementiert werden, d.h. die Produktivitätslogik des Weltmarkts. Bisher konnte die BRD als Gewinner zumindest einen erheblichen Teil der vom ständig steigenden Produktivitätsniveau hervorgerufenen Massenarbeitslosigkeit und Kapitalvernichtung eben durch ihren Produktivitätsvorsprung in die Verliererzonen des Weltmarkts *exportieren*, zu denen ja schließlich auch die DDR gehörte. Konnten also die *sozialen Kosten* innerhalb der kapitalistischen Logik auf diese Weise bisher weitgehend extern gehalten werden, so wurden sie nun vermittels der durchgepeitschten Wiedervereinigung im Megamaßstab politisch eingemeindet.

»Und jetzt wird in die Hände gespuckt« (Headline der *Bild*-Zeitung, 4.12.1990), diese Parole der Wiedervereinigungsbesoffenen sagt mehr, als die politische Klasse weiß. Indem Kohl sich auf Honeckers Stuhl gepflanzt hat, sieht er auch schon ein wenig wie Honecker aus und fängt an, wie dieser zu reden, wenn er ausgerechnet den Mythos der deutschen Arbeit wiederbeleben will, um die Probleme und Kosten der deutschen Einheit zu bewältigen.

Dahinter lauert genau jene unproduktive staatsökonomische Version der kapitalistischen Arbeitsgesellschaft, die soeben Bankrott angemeldet hat. Während eine längst durch den Kapitalismus selbst vom »deutschen Fleiß«

entkoppelte Bevölkerungsmasse durch den Mund des Vereinigungskanzlers mit absurden Predigtsprüchen des abgesoffenen preußischen Arbeitswahns traktiert wird, bahnt sich die politische Zwangssubventionierung der soeben von der genau entgegengesetzten Produktivitätslogik des Weltmarkts zermalmten ostdeutschen Arbeitsstrukturen an. Alle Widersprüche werden damit auf die Spitze getrieben, statt einer Lösung näherzukommen.

Die Wirtschaftswunderlegende
Ludwig-Erhard-Ikone und realer Weltmarktbezug

Wo der deutsche Fleiß gewütet hat, treten unvermeidlich anschließend die *Trümmerfrauen* auf die historische Bühne, jene ausgelaugten Jammergestalten eines klaglosen Elends, die das Vorbild und Muster abgeben dürfen zum Auftakt für die nächste Runde. Nach der preußischen ist nämlich eine Zeitlang die schwäbische Version der deutschen Arbeitssucht gefragt; wenn die emsige Verheerung vollauf gelungen ist, darf das von einer Art insektenhaftem Instinkt gesteuerte Häuslebauen von neuem beginnen. Und wenn der doch einigermaßen furiose Zusammenbruch des sächsischen Kriegssozialismus als vielseitig, wenn nicht allseitig gelungener Zerstörungsakt durchgehen kann, dann ist jetzt der sogenannte Aufbauwille an der Reihe.

Die Zeitreisenden in die deutsche Vergangenheit nehmen die Gespenster der Trümmerfrauen vor allem deshalb mit so großem Wohlwollen wahr, weil ja der Wiederaufbau aus Schutt und Asche ebenfalls immer gelingen muß und normalerweise gleich hinter der nächsten historischen Ecke das Wirtschaftswunder wartet. Die märchenhafte Hoffnung lautet also, daß der neurotische deutsche Wiederholungszwang auch die angenehmen Seiten einschließt und somit nach dem Desaster der geplanten Märkte Ulbrichts und Honeckers sich nach irgendeinem ökonomischen Trümmerfrauen-Intermezzo der allfällige Aufschwung in Wunderqualität einstellen wird.

Am tiefschwarzen Himmel dieser ziemlich unsinnigen Verheißung muß natürlich ein marktwirtschaftlicher

Stern von Bethlehem funkeln, der in diesem Fall (Bescheidenheit ist nicht die Zier der neo-kapitalistischen Prosperitätsprophetie) gleich Vollmondgröße angenommen hat: nämlich in Gestalt des allzu pausbäckigen Freßwellegesichts von weiland Ludwig Erhard. Die ideologische Exhumierung von begleitenden statements hat freilich weniger mit dem wissenschaftlichen Gehalt der Erhardschen Aussagen zu tun, als vielmehr mit der irrationalen Beschwörung jener Nachkriegsprosperität, für die jener längst untergegangene christsoziale Wundermond eher zufällig eine Symbolfigur geworden ist.

Allen Ernstes wird also heute des guten Erhard Buch *Wohlstand für alle* aus dem Jahr 1957, eine jener typischen Politikerschmonzetten mit Ghostwriterhilfe, die zwecks Wahlkampfglamour und Vortäuschung intellektueller Kapazität entstehen und in der Regel rasch wieder gnädig in der Versenkung verschwinden, neu aufgelegt und in der Ex-DDR massenhaft als neue Bibel angepriesen. Genausogut hätte allerdings eine theoretische Stellungnahme von Max Schmeling gedruckt werden können. Freilich geht es ja auch gar nicht um theoretische und analytische Inhalte, sondern bloß um ideologische und legitimatorische Funktionen.

Aber gerade in dieser Hinsicht ist ein feiner Unterschied erkennbar, der verräterisch auf die Rückwärtsverwandlung der BRD verweist. In den offenen Weltmarktgesellschaften des Westens besitzen die einschlägigen Politikerelaborate normalerweise wenigstens nicht den Absolutheits- und Unfehlbarkeitsanspruch einer Bibel, die ja wie das Postleitzahlenverzeichnis im Prinzip kein anderes Buch neben sich dulden kann. In der Regel handelt es sich vielmehr um partikulare Stellungnahmen im allseitigen Interessen- und Meinungskampf, die der *Form* nach subjektive Äußerungen und Vorschläge bleiben und also wenigstens so etwas wie die Karikatur eines Habermas'schen »gesellschaftlichen Diskurses« darstellen. Das Erhardsche Machwerk hatte in der marktwirtschaftlich unter dem bleihaltigen Himmel der

Pax Americana sich öffnenden BRD ansatzweise diesen Charakter.

Ganz anders die Produkte der schriftstellerisch dilettierenden Politiker und Führer in den kriegswirtschaftlichen Durchsetzungsgesellschaften des warenproduzierenden Systems. Hier mußten noch die erbarmungswürdigsten Resultate des philosophischen Stammtischräsonnements von politischen Galionsfiguren zu »Bibeln« erklärt werden; und auch in dieser Hinsicht lassen sich bedauerlicherweise Faschismus und Arbeiterbewegungs-Kommunismus durchaus vergleichen. *Mein Kampf* und Ulbrichts (Honeckers, Breschnews usw.) *Werke* stehen neben Ghaddafis *grünem Buch* und den gesammelten Aussprüchen Fidel Castros *funktionell* auf derselben Stufe. Die Affirmation der Massen als abstrakte Arbeitskraftverausgabungsmonaden erforderte offenbar einmal einen solchen Führer- und Bibel-Mechanismus.

Hatte Erhards inhaltlich völlig bedeutungsloses und unselbständiges Buch den Beinamen einer Bibel bisher nur im historisch-legitimatorischen Sinne einer dennoch bloß partikularen Parteimeinung (und bei den Gegnern daher mit ironischer Konnotation), so rückt es nun lange nach seinem ebenso kurzlebigen wie schwachbrüstigen wirklichen Dasein im vollen und blutigen Ernst als Bibel-Gespenst an die Stelle einer Orwellschen *Big Brother*-Enzyklika. Die Marx-, Lenin- und Honecker-Bibeln werden zu Müll, die Erhard-Bibel kommt. Genau so müssen es oberflächlich die Menschen erleben und erwarten, die fast ein volles Jahrhundert und somit über Generationen hinweg aus den kriegswirtschaftlichen Strukturen einer nachholenden Modernisierung nie herausgekommen sind.

Die posthume Apotheose der Erhardschen »Lehre« enthüllt schon die Illusion, die hier wirksam ist: eine auch im Westen seit vielen Jahren vergangene Welt ungetrübter Prosperität des relativen »Wohlstands für alle« soll durch rein *ordnungspolitische* Maßnahmen ausgerechnet für das bankrotte Ostdeutschland wiederbelebt werden. Aber bereits hinsichtlich des westlichen Originals handelt es sich um eine unglaubwürdige marktwirtschaftliche Heldenlegende; und umso schlimmer, wenn in einer Welt der totalen Konkurrenz, des Skeptizismus und der Krise für die Bewältigung von akuten gesellschaftlichen Problemen vergilbte Legenden der Vergangenheit mobilisiert werden müssen.

So kann es nur als infantiles Wunschdenken bezeichnet werden, wenn DDR-Bürger vermutlich unter Anleitung einer Kindergartentante Transparente malten mit der Aufschrift: »Helmut, nimm uns an der Hand, zeig uns den Weg ins Wirtschaftswunderland!« und der so herzergreifend Angesprochene schon am 6. April 1990 vollmundig verkündete: »Wie in der Bundesrepublik nach dem Zweiten Weltkrieg, kann auch in der DDR die soziale Marktwirtschaft aus dem Nichts funktionieren, wenn die Weichen richtig gestellt sind.«

Die ordnungspolitische Option der marktwirtschaftlichen Ideologie suggeriert den (freien, konkurrenzökonomischen) Markt als überhistorische Grundbedingung menschlichen Daseins, die höchstens durch unangemessene Eingriffe z.B. staatssozialistischer Art in ihrer Funktion gestört werden könne; und die Ordnungspolitik soll demzufolge auch lediglich das freie Wirken der berüchtigten »Marktkräfte« durch entsprechende Rahmenbedingungen und gegebenenfalls soziale Abfederung ermöglichen.

Aber der wirkliche Markt ist weder eine menschliche Urtatsache noch ein ordnungspolitisches Schema, das zu beliebigen Zeitpunkten richtig angewendet oder verfehlt werden kann, sondern vielmehr ein *historischer Prozeß*, in dem eben auch jene kriegswirtschaftlichen und staatssozialistischen Durchsetzungsformen der Vergangenheit aufgehoben sind; ebensowenig ist irgendein realer Markt bloß als eine abstrakte Strukturform zu definieren, sondern stets als ein mehr oder weniger abgeleitetes Moment des *Weltmarkts* auf dessen jeweils historisch gültiger Höhe der Entwicklung.

Schon daraus erhellt, daß die Wirtschaftswunderlegende an der sozial- und ökonomiegeschichtlichen Wirklichkeit vorbeigeht. Nicht die original Erhardsche Ordnungspolitik war die Ursache der westdeutschen Nachkriegsprosperität, sondern eine ganz spezifische Konstellation des blinden und subjektlosen Weltmarktprozesses, für die Erhard eher zufällig eine Symbolfigur geworden ist. Der Anfang jenes Wunders war auch keineswegs so glorreich, wie es im Nachhinein erscheint. Die wirklichen Ergebnisse der Wirtschafts- und Währungsreform von 1948 waren im Gegenteil in den ersten Jahren eher katastrophal. Zwar gab es durchaus die unmittelbare positive Wirkung des radikalen Währungsschnitts, die allerdings nur bezogen war auf die Hungersituation eines extremen Warenmangels und vorherrschender Schwarzmärkte, die drei Jahre nach Kriegsende schon gar nicht mehr dem wirklichen, teilweise bereits wieder rekonstruierten Produktionspotential entsprach. Daß buchstäblich über Nacht die Auslagen der Geschäfte zum Bersten voll mit bis dahin gehorteten und zurückgehaltenen Waren prangten, mag sich den ausgehungerten Menschen als Erscheinung tief eingeprägt haben; ökonomisch war es jedoch nicht mehr als ein Strohfeuer, das rasch verglühte.

In der Folgezeit brachte die Erhardsche Marktwirtschaft bloß Kümmerformen hervor, nämlich Stagnation und Massenarbeitslosigkeit, die im Februar 1950 mit 2 Millionen (12 Prozent) einen Höhepunkt erreichte. So miserabel war die Leistung der propagierten sozialen Marktwirtschaft, daß nicht nur innerhalb der Adenauer-Regierung bissige Kritik laut wurde, sondern die amerikanischen Freunde im Umfeld des Hohen Kommissars sogar allen Ernstes daran dachten, den völlig erfolglosen Erhard samt seiner ökonomischen Quacksalberphilosophie aus dem Verkehr zu ziehen. Selbst wenn also die Analogie zwischen den Westzonen von 1949 und den Beitrittsgebieten von 1990 irgendeinen Grund in der Realität hätte, wären Hoffnungen auf einen raschen

Boom mit einem Durchschreiten der Talsohle schon Mitte 1991 und anschließenden Wachstumsraten von 7 Prozent und mehr völlig illusorisch. Auch 1948 brachte die ordnungspolitische Wende von der faschistischen Kriegswirtschaft zur frei-sozialen Marktwirtschaft als solche auf Jahre hinaus erst einmal nichts als Armut und Dünnbier in der anheimelnden Ruinenlandschaft hervor.

Die überraschende Wandlung Erhards vom wirtschaftspolitischen Tiefflieger zum Erfolgsmenschen und ökonomischen Wunderdoktor hatte, was seine persönliche Leistung betrifft, leider eher den Charakter eines Lottogewinns; d.h. sie beruhte auf Entwicklungen, für die er beim besten Willen nicht verantwortlich gemacht werden kann und die sich unter der Schirmherrschaft der USA auch dann vollzogen hätten, wenn die ordnungspolitische Doktrin ganz anders genannt und Erhards Buch zum Film der Realität versehentlich eingestampft worden wäre.

Die erste Ursache des Wirtschaftswunders war ein struktureller Umwälzungsprozeß der gesellschaftlichen Reproduktion, wie er sich nach 1945 in allen westlichen Ländern vollzog als »Absorption des traditionellen durch den modernen Sektor« (Burkart Lutz). Der »traditionelle Sektor«, d.h. bäuerlich-familiale und handwerkliche Produktionsweisen mit geringem Kaufkraftpotential, war bis zum Zweiten Weltkrieg noch bei weitem nicht gänzlich dem Kapital einverleibt; große Teile des Massenkonsums liefen außerhalb der betriebswirtschaftlichen Verwertungslogik über diesen Bereich. Der nun folgende letzte große Industrialisierungsschub aber verallgemeinerte eine Lebensweise, wie sie in der Zwischenkriegszeit bereits für die middle class und Teile der Industriearbeiter in den USA vorherrschend geworden war.

Der »primäre Sektor« der Landwirtschaft wurde bis zur Schwundstufe degradiert, dafür jedoch mobilisierte die damit einhergehende *Industrialisierung der Massenbedürfnisse* ein gewaltiges Beschäftigungspotential

(Burkart Lutz schätzt es in der Geschichte der BRD auf mindestens 7 Millionen Arbeitskräfte) für die abstrakten Rentabilitätskalküle des Kapitals; dadurch entstand aber auch kapitalistische Massenkaufkraft in einem nie dagewesenen Ausmaß. Insofern beruhte das Wirtschaftswunder hauptsächlich darauf, daß bisher aus der nationalökonomischen Statistik weitgehend herausfallende Produktionen und Konsumtionen unterhalb des levels betriebswirtschaftlicher Kalkulation nunmehr sukzessive kapitalisiert und auf diese Weise phantastische Wachstumsraten erzeugt wurden.

Dies war jedoch nur möglich, weil sich keineswegs bloß die Beschäftigungsstruktur formal veränderte und sektoral verschob, sondern dabei gleichzeitig jene neuen Massenbedürfnisse und Massenproduktionen (Automobile, Haushalts- und Unterhaltungselektronik etc.) entstanden. Es war ein nochmaliger (und der letzte) Schub »zivilisatorischer Mission des Kapitals« (Marx), weil die Beschäftigung eben nicht auf dem bedürfnisarmen und produktivitätsschwachen Niveau der familialen Subsistenz- und kleinen Warenwirtschaften umgewälzt wurde, sondern die neu vom Kapital eingesaugten Massen abstrakter Arbeit in den fordistischen Fließproduktionen einen gewaltigen Ausstoß von Gütern erzeugten, die bis dahin Luxusgüter in Kleinserien gewesen waren, nunmehr aber in den Massenkonsum eingehen konnten und gleich die entsprechende Kaufkraft mitproduzierten.

Die zweite Ursache des Wirtschaftswunders aber war der seit Mitte 1952 einsetzende und bis zu Beginn der 90er Jahre anhaltende *Exportboom* der BRD-Ökonomie, der erst ein sich selbst tragendes Wachstum ermöglichte. Denn eine bloß *binnenökonomisch* wirksame Umwälzung der Beschäftigungsstruktur in die fordistischen Massenindustrien hinein hätte gar nicht stattfinden können; der national beschränkte Markt wäre gar nicht fähig gewesen, produktive Kaufkraft in diesem Ausmaß zu erzeugen und zu absorbieren. Dieser Exportboom hatte jedoch auch seinerseits wieder ganz bestimmte Startbedingungen.

Erstens erforderte er eine bis dahin nie dagewesene Offenheit der Märkte, durch die sich erst der eine Weltmarkt auf neuer Stufenleiter konstituieren konnte und die durch eine absolute ökonomische, politische und militärische Übermacht der USA erzwungen wurde. Zweitens bedurfte es eines relativ *niedrigen Ausgangsniveaus* von Kapitaleinsatz und Konkurrenz, auf dem der fordistische Boom aufsteigen konnte; auch diese Bedingung war gegeben nach den globalen Einbrüchen der Weltwirtschaftskrise von 1929 – 33, der anschließenden Stagnation und dem darauffolgenden Weltkrieg, da sich in dieser lang andauernden Phase die Ökonomien und der internationale Warenverkehr erschöpft hatten. Drittens schließlich war auch noch eine Initialzündung nötig, die ab 1952 der Koreakrieg lieferte, da durch die Rüstungskonjunktur der USA ein weltweiter Sog ausgeübt wurde: »Der Krieg in Ostasien hat den Lauf der westdeutschen Rekonstitution stärker beeinflußt als alle wirtschaftspolitischen Planspiele« (Werner Abelshauser).

Nur unter allen diesen historisch nicht wiederholbaren Bedingungen konnte das Wirtschaftswunder gelingen und die BRD zum Weltmarktgewinner avancieren. Schon 1951 ging ein knappes Drittel der Automobilproduktion in den Export, 1955 war es bereits mehr als die Hälfte. Bereits ab 1950 kreierte allein VW ein ganzes Netz von Handelsstützpunkten, Servicestationen, Montagewerken und schließlich Fabriken im Ausland, so in Brasilien, Australien, Mexiko, Südafrika und schließlich auch in den USA, wo der »Käfer« Absatzrekorde erzielte. Mit diesen Entwicklungen wurde ein gewaltiger Export-Kapitalstock errichtet, der in den folgenden Jahrzehnten systematisch ausgebaut werden konnte und bis in die aktuelle Gegenwart hineinreicht. Die Produktpalette der westdeutschen Industrie wurde in stets zunehmendem Maße vom internationalen Markt bestimmt. Nach

Angaben des Statistischen Bundesamtes stieg der Anteil des Auslandsumsatzes am Gesamtumsatz der Industrie (einschließlich Bergbau) zwischen 1970 und 1988 von 18 Prozent auf 30 Prozent; die Exporterlöse erhöhten sich im selben Zeitraum inflationsbereinigt um 130 Prozent.

Es ist schon auf den ersten Blick leicht erkennbar, daß diese historische Gesamtkonstellation, die einst das Wirtschaftswunder ermöglicht hatte, heute für die ehemalige DDR nicht mehr gegeben ist. Kein einziger Faktor des Nachkriegsbooms kann heute mehr wirksam werden, im Gegenteil sind auch im Westen selbst auf allen genannten Ebenen längst die »Grenzen des Wachstums« erreicht. Schon die fordistische Umwälzung der Beschäftigungsstruktur kann in Ostdeutschland nicht mehr als erstes Schwungrad eines neuen Booms dienen, weil diese Absorption des traditionellen durch den modernen Sektor ja ebenso in der DDR (wenn auch zäh und mühsam) bereits stattgefunden hat, dort aber eben auf relativ niedrigem Produktivitätsniveau eingefroren wurde und in ihrer Wirkung verpuffte, weil keine Öffnung zu den Weltmärkten stattfand, sondern gerade umgekehrt eine gewaltsame Abschottung.

Jetzt aber, nach vier Jahrzehnten, ist der Zusammenhang von sektoraler Umstrukturierung und Weltmarktorientierung hoffnungslos weit auseinandergefallen und kann nicht mehr nachgeholt werden. Deshalb sind auch die damaligen Startbedingungen für einen neuen und zusätzlichen Exportboom ebensowenig mehr gegeben. Längst ist die absolute Hegemonialposition der USA aufgrund ihres überproportionalen unproduktiven Weltmachtkonsums ökonomisch wie teilweise auch politisch zusammengebrochen und auf die blanke Militärmacht reduziert, die jedoch zunehmend belastend und bezüglich der internationalisierten Märkte antiquiert und dysfunktional wirkt, also auf tönernen Füßen steht. Damit aber hat sich auch die weltweite Offenheit der Märkte unter der Macht und Herrlichkeit der Pax Americana verflüchtigt; auf dem allerdings irreversiblen

Niveau der erreichten Internationalisierung findet ein zäher protektionistischer Kleinkrieg mit Haken und Ösen statt, der inzwischen jeden weiteren newcomer systematisch abblockt.

Ebenso unwiederbringlich verschwunden ist die Ausgangsbedingung eines relativ niedrigen Niveaus von Konkurrenz und Kapitaleinsatz auf dem zum ökonomischen Schlachtfeld gewordenen Weltmarkt. Waren die westlichen Industrieländer in den ersten Nachkriegsjahren noch praktisch unter sich gewesen, so stieg in den 60er und 70er Jahren zunächst Japan zum Konkurrenten und in den 80er Jahren zum Weltmarktgewinner Nr.1 noch vor der BRD auf. Es folgten die südostasiatischen Schwellenländer, auch die »vier kleinen Tiger« genannt (Südkorea, Honkong, Taiwan und Singapur), die mit ihren Exporten die Welt überschwemmten und von denen ja u.a. die DDR bereits niederkonkurriert worden ist. Aber auch die übrigen nachkolonialen Länder der 3. Welt, die um 1950 noch weltökonomisch im Tiefschlaf lagen, sind inzwischen längst auf prekäre und für sie katastrophale Weise in den Weltmarkt hineingerissen worden; aber gerade deswegen, vor allem im Zuge ihrer hoffnungslosen Überschuldung im Westen, müssen sie ihre Produkte zu Schleuderpreisen auf die Außenmärkte werfen. Der Weltmarkt ist jetzt einfach nicht mehr weiter aufnahmefähig; er kann schon die vorhandenen Konkurrenten nicht mehr verkraften, geschweige denn neue in Wirtschaftswunderqualität mit ausgerolltem roten Teppich empfangen, wie es sich die naiven marktwirtschaftlichen Euphoriker in den Beitrittsgebieten vorstellen.

Diese gründliche Veränderung der Situation drückt sich dann auch im erforderlichen Kapitaleinsatz aus, der für exportfähige Produktionen seit vierzig Jahren kontinuierlich gestiegen ist und das niedrige Ausgangsniveau nach der Stagnationsperiode um die Jahrhundertmitte weit hinter sich gelassen hat, während die DDR in dieser ganzen Zeit auf einem eingefrorenen Niveau hoher Arbeitsintensität verharrte. In der Bundesrepublik dagegen steigerten sich allein die Ausgaben für Forschung und Entwicklung des verarbeitenden Gewerbes zwischen 1971 und 1983 um 207 Prozent, d.h. stärker als die Nettosachinvestitionen. Der Kapitalbestand insgesamt hat sich seit 1960 auf das Dreifache erhöht, während das Arbeitsvolumen um 30 Prozent sank.

Dieselben Produktivitätssprünge, die den »deutschen Fleiß« ad absurdum geführt haben, schraubten also den Kapitaleinsatz in immer schwindelndere Höhen und verschärften die Konkurrenz, die gleichzeitig durch immer neue Wettbewerber auf den globalen Märkten angeheizt wurde. Schon die BRD für sich allein konnte ihre Weltmarktposition nur mühsam halten, verlor Marktanteile und war nicht imstande, die Arbeitslosigkeit vollständig zu exportieren, die sich im Gegenteil seit Mitte der 80er Jahre mit den bereits genannten 2 Millionen wieder auf dem absoluten Niveau von 1952 einpendelte. Zwar konnte diese neue Massenarbeitslosigkeit durch die immer noch starke Grundposition auf hohem Produktivitätsniveau weitgehend subventioniert werden; dennoch sagt jenes Stichwort von der »neuen Armut« nichts anderes, als daß hunderttausende von Menschen im Ex-Wirtschaftswunderland auf den Lebensstandard der 50er Jahre zurückgebombt worden sind, wie ein Blick in den Warenkorb für Sozialhilfeempfänger bestätigt.

Vollkommen unmöglich aber ist es, daß ausgerechnet die niederkonkurrierte Industrie der Ex-DDR nun den Karren wieder aus dem Dreck zieht. Binnenökonomisch würde die reale produktive Kaufkraft nur steigen, wenn im Maßstab der Industriestrukturen Ostdeutschlands entsprechende Größenordnungen von Exportmärkten neu erfaßt werden könnten. Wo aber die bisherige BRD ihre fortlaufenden Kapitalinvestitionen auf der Höhe des in Jahrzehnten aufgebauten Export-Kapitalstocks tätigt, müßte die ostdeutsche Industrie auf einen Schlag die Kapitalinvestitionen von mindestens dreißig Jahren nachholen. So absurd schon allein diese Vorstellung ist:

nicht einmal ein derart astronomischer Investitionseinsatz würde ausreichen. Denn inzwischen hätten ja die Konkurrenten in der globalen Konkurrenzschlacht schon wieder die nächste Stufe erklommen, sodaß die ostdeutsche Industrie auch dann wieder hinterherhinken würde und immer noch nicht wettbewerbsfähig wäre; von den protektionistischen Schranken und neuen Handelskriegscharmützeln ganz abgesehen.

Es gibt also insgesamt nur eine mögliche Schlußfolgerung: das Wirtschaftswunder ist auf gar keinen Fall wiederholbar. Es war kein Produkt ordnungspolitischer Entscheidungen, sondern einer historischen Konstellation des Weltmarkts, die unwiederbringlich versunken ist. Wie der Zusammenbruch der DDR selber schon das Moment einer sukzessive fortschreitenden Weltmarktkrise war, die alle Systemgrenzen niedergerissen hat, so wird die Wiedervereinigung das Fortschreiten dieser Krise und nicht ihre Bewältigung bringen. Die Ludwig Erhard-Ikonen werden inzwischen wieder abgehängt. Statt von der sozialen spricht man in der Ex-DDR nur noch von der »brutalen Marktwirtschaft«.

Einen zweiten ökonomiepolitischen Lottogewinner auf dem Stuhl des Wirtschaftsministers aufgrund undurchschauter objektiver Strukturveränderungen wird es nicht geben; das postfordistische Yuppie-Leichtgewicht namens Möllemann, das in diese Position des wiedervereinigten Gesamtdeutschland geweht worden ist, könnte ebenso rasch vom nächsten Krisensturm wieder davongewirbelt werden.

Der Wille zum Markt
Vom Kriegssozialismus zur hysterischen Freiheit des Geldes

Die Wirtschaftswunderlegende ist vielleicht nur vorgeschoben als eine Art offizielles Einvernehmen der Deutschen, den undurchsichtigen Prozeß der Wiedervereinigung ideologisch ins Positive zu wenden, bevor die Realität alles versaut hat. Keine Analyse steht dahinter, wenn man von den Gefälligkeitsgutachten der stets sachfremd motivierten Wirtschaftsinstitute absieht, sondern der blanke »Wille zum Markt«: im Westen als gebetsmühlenhafte Pflichtübung der scheinbaren Gewinner, die an Gönnerhaftigkeit nichts zu wünschen übrig läßt; im Osten als das Hecheln der wendehälsigen Verlierer, die sich überschlagen vor Anpassungsbereitschaft. Allerdings ohne den eigenen partikularen Vorteil dabei aus den Augen zu lassen; darin soll ja schließlich das Erfolgsrezept der Marktwirtschaft bestehen. Sozialökonomische Trümmerfrauen für ein abstrakt imaginiertes Anpacken kommen zwar als ideologische Gespenster vor, aber nicht in der ostdeutschen Realität, weil völlig zu Recht einfach niemand Lust hat, in diese Rolle zu schlüpfen.

Es ist eben in keiner Weise klar, wohin die Reise eigentlich geht. Während tatsächlich die BRD einen schwerfälligen Schritt in die Vergangenheit tut, erscheint es den Ostdeutschen so, als müßten und könnten sie 40 Jahre überspringen mit einem Satz, mitten hinein in die abstrakt individualistische Konsumwelt des Weltmarktgewinners. Aber weder subjektiv noch objektiv sind in der ostdeutschen Binnenwirklichkeit Faktoren zu finden, an die sich Hoffnungen auf die »eigene Kraft« knüpfen ließen.

Der unerwartet plötzliche Zusammenbruch der DDR hat in Wirklichkeit eher das Gegenteil von Aufbauatmosphäre erzeugt, obwohl dies die immer und immer wieder deklamierte Lesart der Medien ist. Eben weil es keine Revolution war, deswegen war das massivste Resultat dieses Zusammenbruchs auch eine ungeheure Demoralisierung der Massen: Aufbruchstimmung ja, aber als bloße Massenflucht; nicht als bewußte Aktion gegen den unbegriffenen preußisch-sächsischen Kriegssozialismus (davon zeugt allein schon die Perspektiv- und Programmlosigkeit der dünnen Opposition), sondern als blindes, unselbständiges Davonlaufen, um von den herabstürzenden Trümmern des Systems nicht getroffen zu werden.

Diese Demoralisierung äußerte sich nicht bloß als Beflissenheitsmimikry eines fiktiven »nationalen Anspruchs« bzw. einer lautstarken Feier der Freiheit des Geldes, noch immer in demselben kriecherischen Stil der kasernensozialistischen Unterordnung und Gläubigkeit vorgetragen, die doch längst vom westlichen Werbefernsehen aufgeweicht worden ist. Während die Ostdeutschen aber ihren offiziellen Glaubenswechsel vollziehen und ihre Umtaufung über sich ergehen lassen, glauben sie wenigstens bereits an gar nichts mehr. Das Frechwerden der Zurückgebliebenen gegen die plötzlich verschüchterten Unteroffizierstypen, denen sie vierzig Jahre lang mit zusammengepreßten Hinterbacken gehorcht hatten, nahm sehr schnell pogromartigen Charakter an: gerade weil nicht bewußte Subjektivität das Handeln leiten konnte, sondern bloß das ungezügelte und bewußtlose Ressentiment, das sich mit einem Male der Sanktionsdrohungen entledigt sah. So geht es zu, wenn in New York nachts der Strom ausfällt oder im Zuchthaus ein Feuer ausbricht.

Nicht bloß in Einzelfällen ließen die Ausbrecher aus dem Staatsknast rücksichtslos ihre kleinen Kinder allein zurück. Hunderte solcher Kinder werden bis heute in trostlos ausgestatteten Heimen der Beitrittsgebiete verwaltet, ohne daß die Eltern sich je wieder gemeldet hätten. In Berlin, Hamburg und Frankfurt leidet der Kinderstrich beiderlei Geschlechts längst unter sächselndem Überangebot. Genau so durfte man sich den marktwirtschaftlichen Neubeginn vorstellen. Was heute in Ostdeutschland noch oder wieder Polizei ist, könnte vermutlich genausogut auch bei der Mafia anheuern; kaum zufällig meldeten sich auf eine fiktive Zeitungsannonce hin massenhaft ehemalige oder aktive Mitglieder von Polizei, Ex-NVA und Stasi als Söldner für den Golfkrieg, und zwar je nach Anzeigentext für beide Seiten der Front.

Allein schon diese sich häufenden Erscheinungen von Demoralisation dementieren jegliche Aufbauideologie. »Aufgebaut« wurde ja schon vierzig Jahre lang beiderseits der Elbe, »nagelneue Ruinen« (Hans Magnus Enzensberger) mit Weltmarktfähigkeit im Westen und die alten Arbeitskasernen im Osten. Wird der Maßstab des realen Weltmarkts angelegt, und das ist der einzig mögliche in der marktwirtschaftlichen Welt des Westens, die allseitige Konkurrenz impliziert, dann gibt es gar nichts aufzubauen und es wird auch niemand gebraucht. Dies realisiert zumindest das ökonomische Unterbewußtsein der Ostdeutschen, das den Sprung in die Freiheit des Geldes völlig richtig nicht als neue gesellschaftliche Meta-Aktivität, sondern als gnadenlosen Zwang zur Selbstverwertung des abstrakten Individuums versteht. Und deswegen ist die wirkliche Reaktion auch eine doppelte: zum einen werden die äußerlich eingepaukten, einer katholischen Kindergruppe würdigen »Grundsätze sozialistischer Moral« über Bord geworfen zugunsten eines hemmungslosen persönlichen Durchsetzungswillens; zum anderen aber geschieht dies mangels realer Möglichkeit keineswegs in irgendeinem produktiven Bezug, sondern als rabiate Konsumorientierung.

Der »Wille zum Markt« erscheint also für die Ostdeutschen zuerst einmal als »Wille zum Konsum« und somit als sofort einzulösende *Forderung*, deren Adressat unklar, im Zweifelsfall aber jener BRD-Staat ist, der sie ja schließlich alle mit Haut und Haar eingemeindet hat. Daß der vierzigjährige Aufbau, der sie bloß mit umgekehrtem Vorzeichen ebenso stupide in die Arbeit rennen ließ wie die westlichen Kolleginnen und Kollegen, von einem derart opulenten Zusammenbruch gekrönt war, ist schließlich, so meinen sie wie alle an subjektive Verantwortungslosigkeit Gewöhnten, nicht ihre Schuld. Im Gegenteil sind sie alle diese Jahrzehnte hindurch betrogen worden, so lautet der schlichte Grundgedanke.

Und deswegen gilt es jetzt nachzuholen, nicht so sehr den »falschen« Aufbau durch einen »richtigen« (das mögen die sozialistischen »Verbrecher« unter Anleitung westdeutscher Politiker besorgen), sondern in erster Linie den vorenthaltenen fordistischen Massenkonsum. Während also die westdeutschen Ideologen auf ihrer Reise nach rückwärts vor Bescheidenheit triefenden ökonomischen Trümmerfrauen zu begegnen wähnen, kommt ihnen real ein Millionenheer drohend Konsumhungriger entgegengetaumelt. Diese Situation spiegelt sich grotesk in der hochgespülten Personage, die sich anschickt, eine neue politische Klasse in den Beitrittsgebieten zu konstituieren. Einen absurderen Haufen von subventionswilligen Dorfstrategen, schlitzohrigen Kleinkriminellen und Amateurkarrieristen, wie er aus dem Zerfall der schon selber reichlich absonderlichen DDR-Gerontokratie hervorging und plötzlich über die Bildschirme der Mediendemokratie flimmerte, hat die Welt noch nicht gesehen: Barschels und Möllemänner von der Stange. Selbst die CSU dürfte nicht so viele Mandatsträger hervorgebracht haben, deren auffälligste Leistung darin besteht, einen Dienstwagen-Benz nach einem feuchten Arbeitsessen zu Schrott gefahren zu haben.

Eine derart plump überzogene Smartheit findet ihre Entsprechung in der Naivität des Konsumwillens, wie er die ostdeutschen Massen beseelt. Sobald es an die neue Praxis geht, nützt alle politische Schläue nicht mehr viel, die zwar zur Wiedervereinigung mit Pauken und Trompeten geführt hat, aber die Bedingungen realer Prosperität nicht herbeizaubern kann. Von Anfang an waren es politisch motivierte Geschenke und Almosen, die ohne jede produktive Grundlage teils gönnerhaft gegeben, teils von den Ostdeutschen ertrotzt werden konnten.

Es begann mit dem Begrüßungsgeld von 200 DM pro Nase, das in wachsender Menge nach der überraschenden Öffnung der Mauer an die herüberströmenden Menschen ausbezahlt wurde, die alles liegen und stehen ließen, um in ihren knatternden Trabbis, in überfüllten Hamsterzügen wie in der Nachkriegszeit oder sogar zu Fuß sich ins gelobte Land des Massenkonsums aufzumachen. Einige Milliarden DM flossen in die Kassen der Supermärkte und Kaufhäuser in den grenznahen Städten der BRD, auch wenn es nur Bananen und Dosenmandarinen, Radiowecker, Walkmen und andere Güter der unteren Preisklassen waren, die den Besitzer wechselten. Das erste gesamtdeutsche Weihnachten 1989 bescherte den damaligen Noch-DDR-Bürgern den ersten westlichen Konsum- und dem Einzelhandel der BRD einen unerwarteten Umsatzstoß. Freilich war schon damals der ökonomisch prekäre Charakter dieses Konsums mit Händen zu greifen. Während die Kassen klingelten, holten in Hof und anderen Grenzstädten an den Hinterausgängen der Supermärkte Beamte und Bankangestellte die 100-DM-Scheine wieder ab, damit die Banken und Postämter weiterhin das Begrüßungsgeld auszahlen konnten: ein Symbol für die Bodenlosigkeit dieses Konsums, hinter dem keine marktfähige Produktion mehr steht.

Erst recht war es ein politisches Geschenk aus wahltaktischen Gründen, aber gegen die ökonomische Logik, daß die Wirtschafts- und Währungsunion im Sommer 1990 mit einem 1:1-Umtausch des umlaufenden Bargelds, der Löhne und der privaten Sparguthaben eingeleitet wurde. Binnen weniger Wochen verwandelten sich (nach einem gestaffelten System der Freigabe von Bankkonten und Sparguthaben) von der Stunde Null des 1. Juli 1990 an mindestens 150 Milliarden Mark der DDR in direkt kaufkräftige D-Mark. Bis heute kann die genaue Summe nicht beziffert werden, da der Umtausch weitaus chaotischer verlief, als er offiziell dargestellt wurde.

Der vermeintliche Aufbau begann auf der monetären Ebene mit unglaublichen Schiebereien und die erste Stunde der Freiheit des Geldes gehörte vor allem zweifelhaften Glücksrittern des alten Apparats und westlichen Helfershelfern, während die ostdeutschen Normalbürger sich gleichfalls durch Horten von Bargeld, Verschiebungen und Splittings von Konten etc. als clever zu beweisen suchten. Über Scheinexporte in die Sowjetunion wurden riesige Mengen des auf dem Weltmarkt völlig wertlosen Kunst- und reinen Verrechnungsgeldes Transferrubel in harte DM verwandelt; der Schaden scheint zwischen 3 und 10 Milliarden DM zu liegen, ohne daß jemals konkrete Zahlen genannt werden konnten. Auch die inzwischen als PDS firmierende ehemalige Staatspartei hat durch teilweise aufgeflogene Manipulationen offenbar Milliarden von DM aus undurchsichtig umgetauschten Ostmarkbeständen beiseite geschafft. Diese wenigen bekannt gewordenen Fälle dürften kaum mehr als die Spitze eines Eisbergs sein, dessen wahre Ausmasse erst im Zuge des weiteren Prozesses der Wiedervereinigung und ihrer monetären Folgen ans Licht treten werden.

Das in den Beitrittsgebieten rasch um sich greifende eigentümliche Klima von Demoralisation, wütendem Konsumwillen, Lust zur langfingrigen Ausnutzung des Machtvakuums, Zwielichtigkeit unter dem allgegenwärtigen Schatten der Stasi und Absahnermentalität, wie es an der gesellschaftlichen Oberfläche als das Klima der Aktivität erscheint, hat einen geradezu idealen Nährboden für das organisierte Verbrechen geliefert. Binnen weniger Monate wurden die neuen Bundesländer nach Mitteilungen des BKA in Wiesbaden zum bevorzugten Geschäftsgebiet für nationale und internationale Banden von Autoschiebern, Rauschgift- und Menschenhändlern; wie es scheint, konnte damit endgültig die Verknüpfungskette zwischen der südamerikanischen Drogenmafia, den europäischen Mafiafamilien und den osteuropäischen (insbesondere polnischen) und sowjetischen Großbanden geschlossen werden. Ein weltweit verbundener Markt der organisierten Kriminalität als supranationaler Machtfaktor bahnt sich an, womöglich mit ganz neuen Zentren in Ostdeutschland. Leipzig als »deutsches Palermo«, das wäre freilich ein arg eigentümlicher erster Aufbauerfolg.

Die hochschlagende Konsumwoge und der »Aufbau« einer Mafia signalisieren den zutiefst morbiden und geradezu moribunden Charakter der ostdeutschen Entwicklung vom Zusammenbruch der DDR im Herbst 1989 bis zur politischen Wiedervereinigung im Herbst 1990. An sich verdient es der Konsum zwar keineswegs, verteufelt zu werden. Die bloß verquast philosophische Konsumkritik von Edelsozialisten wie Stefan Heym, die der noch nicht einmal pittoresken Armut des kasernensozialistischen grauen Alltags eine höhere Weihe abzugewinnen schien, ist sicherlich zu Recht einer heftigen Antikritik unterzogen worden. Aber wahr an der Heymschen Kritik seiner Landsleute bleibt, daß sich die ersten Monate des »nachholenden Konsums« in jenem Klima der Demoralisation und Selbstaufgabe vollzogen.

Dieser Konsum war kein rauschender, sondern ein verbissener und unglaubwürdiger. Zutiefst traurig die Schauspiele, wenn von LKW-Ladeflächen herab auf den ostdeutschen Marktplätzen westliche Glasperlenhändler den Eingeborenen ihren überteuerten Schund anboten und ihnen falsche Orientteppiche, Reizwäsche, Pornovideos und Lachsäcke aus den Händen gerissen wurden. Da hörte die Schläue der gewieften Materialbesorger und Behördentäuscher dann auf. Und so verständlich der »Drang nach Süden« derjenigen sein mochte, die 40 Jahre lang buchstäblich eingesperrt waren: auch über dieser eilig durchgezogenen Veranstaltung des Massentourismus für die Ostdeutschen, begonnen mit einem noch von Egon Krenz höchstpersönlich organisierten Rentner-Billigflug nach Mallorca, lag der Hauch der Vergeblichkeit. Das Mittelmeer ist eben auch nicht mehr das, was es einmal war, und die Fahrt mit dem Trabbi zur Algenpest an die Adria nur mit einem hohen Aufwand an Autosuggestion noch als jenes Vergnügen zu empfinden, das es unbedingt sein muß. Daß die abstrakte Freiheit des Geldes ebensowenig zu irgendeiner Befriedigung führen kann wie der Kasernenmief des Kriegssozialismus, das hätte man sich eigentlich denken können.

Es verheißt nichts Gutes, wenn der wachsende Frust nach westlichem Muster auf die Straße und hinters Steuer der Todeswaffe Automobil verlagert wird: »Freie Fahrt für freie Bürger«, diese stupideste Losung des marktwirtschaftlichen Individualwahnsinns, hat vor allem die männlichen Altersklassen zwischen 20 und 40 in Ostdeutschland mit voller Unzurechnungsfähigkeit erfaßt.

Es spricht für die Besinnungslosigkeit dieses Volkes, daß innerhalb weniger Monate mehr als eine Million Westautos in den Beitrittsgebieten zugelassen und als wahre Mordkommandos auf das miserable Straßennetz der Ex-DDR losgelassen wurden. Denn bezeichnenderweise brachte die Wiedervereinigung gleichzeitig eine drastische Verminderung der Polizeikontrollen und einen um sich greifenden aggressiven und rücksichtslosen Fahrstil der neuen Autobesitzer mit sich: »Insgesamt wurden in den ersten neun Monaten des vergangenen Jahres in der DDR 83 Prozent mehr Verkehrstote gezählt als im gleichen Zeitraum des Vorjahres; die Zahl der getöteten Kinder aber hatte sich annährend verdoppelt, im Regierungsbezirk Chemnitz sogar fast verdreifacht« (*Spiegel*, 11.2.91). Das wahrhaftig muß sie sein: »Freiheit, die ich meine«.

Freilich ist es nicht allein der sozialpsychologische, sondern mehr noch der ökonomische Charakter dieses Übergangskonsums der Wiedervereinigung, der die seltsame Unwirklichkeit und Unglaubwürdigkeit des ostdeutschen Lebenshorizonts ausmacht. Die Eingemeindung in die BRD war unter allen schlechten Möglichkeiten für ein zusammenbrechendes Subsystem der Warenproduktion noch die beste; aber dieser Übergangskonsum ist eben ein durch und durch subventionierter. Das Geld der niederkonkurrierten DDR wäre an sich weniger wert gewesen als das Papier, auf das seine Symbole gedruckt waren; und streng nach dem Währungsreformszenario von 1948 hätte es nicht mehr als jene berühmten 40 DM Kopfgeld für jeden Ex-DDR-Bürger geben dürfen. Das dem politisch taktierenden Kanzler Kohl von den ostdeutschen Jubelpersern abgeluchste 1:1-Umtausch-Geschenk hält nun, je nach Sparsamkeit des Verbrauchs, für einige Zeit vor; aber wie lange noch?

Die eiserne DM-Ration mag verpulvert oder auf die hohe Kante gelegt und scheibchenweise verknuspert werden; ein produktiver Konsum würde daraus nur, wenn die Freiheit des Geldes sich in betriebswirtschaftliche Gewinnproduktion umsetzen ließe. Die offizielle Theorie fordert viele kleine »Schumpetersche konstruktive Zerstörer«, sogenannte »Unternehmerpersönlichkeiten«, die aus den berüchtigten kleinsten Anfängen durch innovative Praxis die alten Strukturen überwinden. Aber keineswegs zufällig und auch nicht aus bloßer Böswilligkeit fließt die ostdeutsche kleinunternehmerische Energie vielfach eher in krumme und kriminelle Bahnen.

Daß kein neuer Grundig mit einem neuen »Heinzelmann«-Radiobaukasten und kein Schickedanz mit einem kleinen Kramladen auftaucht, um dann munter zum Konzernchef und leutseligen Arbeitsplatzspender aufzusteigen, liegt eben an den Marktbedingungen selbst. Nach 40 Jahren Weltmarktentwicklung wäre ein solches industrielles Kleinunternehmertum schlicht lächerlich, denn gegen die hereinflutenden Erzeugnisse von Sony, Toshiba, Siemens und Thomson ist kein Kraut gewachsen. Auch binnenökonomisch ist es kein Markt mehr, auf dem viele kleine und mittlere Anbieter die Streu vom Weizen sondern könnten, sondern himmelhohe Kolosse wie VW, Daimler oder die Allianz walzen sofort jeden neuen kleinen Angebotsversuch platt.

Von den 10.000 Gründern allein in Sachsen-Anhalt, Brandenburg und Mecklenburg-Vorpommern, die sich zwischen dem 1. Juli und dem 31. Dezember 1990 naiverweise selbständig gemacht hatten, mußten 7.000 bis Anfang Februar 1991 wieder aufgeben mangels Aufträgen, Liquidität und know-how. Gerade an den Möchtegerngründern bewies sich schneller als gedacht die logische und historische Unmöglichkeit eines neuen Wirtschaftswunders zuerst und mit Nachdruck. Sowenig der »deutsche Fleiß« aufgrund des realen Produktivitätsstandards mehr irgendeine ökonomische Schubkraft erzeugen kann, ebensowenig nützt die kleine Privatinitiative mehr etwas in einer von den Weltmarktriesen kaputtkonkurrierten Region. »Nur Mut – werden Sie jetzt Unternehmer, die Chancen waren nie so groß«, dieses Motto eines Extra-Magazins der *Wirtschaftswoche* für die Gutgläubigen in der DDR (Juli 1990) liest sich heute schon als Realsatire.

So reduziert sich die marktwirtschaftliche Initiative zunehmend auf die Eröffnung von tristen Imbißbuden an Kreuzungen und in Vorgärten, deren Betreiber sich aus dem rapide wachsenden Arbeitslosenheer rekrutieren. Der symbolträchtige »Grill zur deutschen Einheit« wird zur Endstation für immer mehr ehemalige Robotron-Ingenieure, Stasi-Offiziere und Spezialisten für die »Politische Ökonomie des entwickelten Sozialismus«, deren Qualifikationen zu Müll geworden sind und deren Arbeitsplätze sich in Nichts aufgelöst haben: »In der ehemaligen DDR führt der Weg aus der Not nicht vom Tellerwäscher zum Millionär, sondern vom Akademiker zum Würstchenverkäufer« (Henryk M. Broder).

Damit ist die weitere Perspektive allerdings als düstere denunziert. Während die abstrakt geforderten Initiativen sich den realen Marktbedingungen anpassen und gerade deswegen entweder zwielichtig oder prekär werden, verharrt die riesige Masse der einverleibten Industriebevölkerung unter dieser wenig bewegten Oberfläche in einer fast schon gespenstischen Ruhe. Das Kauen an der monetären Notration verrät nicht, was als nächstes passieren wird. Allerdings muß etwas passieren, weil die Milliarden DM des Umtauschaktes bestenfalls bis zum Frühjahr 1991 reichen und völlig ungewiß ist, was die ostdeutsche Ökonomie zukünftig noch selbständig an produktiver Kaufkraft zu erwirtschaften imstande sein wird.

Viel ist es nicht, und der BRD-Staat wird offenbar monetär weitaus länger in der Pflicht stehen, als die vereinigungsgeile politische Klasse des Westens es sich hatte träumen lassen. Von einem selbstinduzierten Aufschwung Ostdeutschlands schon nach wenigen Wochen allein durch einen Schub immanenter Schumpeterscher Privatinitiative, wie es vorausgesagt wurde, ist nicht das geringste übriggeblieben. Auf diesem billigsten Weg eines bloß richtig motivierten Willens zur Selbständigkeit werden offenbar keinerlei sogenannte Marktkräfte entfesselt, die angeblich so lange geschlummert und nur auf ihre Erweckung gewartet haben, um die vermeintlich bloß kurzfristige politische Anschubsubventionierung der ostdeutschen Wirtschaft überflüssig zu machen.

Der Sieger nimmt keineswegs alles
Investitionsstreik und konservative Kapitalistenbeschimpfung

Die Aufbaumetapher setzt eine vorherige Zerstörung voraus. Das Zerstörungswerk aber, das den Kriegssozialisten gelungen ist, besitzt diesmal keinen militärischen Charakter. Der 2. Weltkrieg hatte die deutschen Produktionsanlagen physisch zerstört, und zwar gründlich; was dann noch stand, fiel der Demontage durch die Alliierten zum Opfer. Und nur auf dieser Basis einer flächendekkenden physischen Zerstörung konnten bloßer Arbeitsfleiß und bloße Privatinitiative für eine kurze Übergangszeit in marktwirtschaftliche Energie verwandelt werden, die dann ihrerseits wieder auf jene historisch singulären Strukturbedingungen eines globalen Wachstumsschubs treffen mußte. Die Zerstörung der DDR-Ökonomie als Ausgangssituation dagegen ist eine unsichtbare, der ökonomischen Beziehungsform des Weltmarkts geschuldete; eine Hinrichtung durch den Weltmarkt aber gleicht gewissermaßen derjenigen durch die Neutronenbombe: die produktive Basis wird für wertlos erklärt, aber physisch zunächst nicht angetastet.

Die Privatinitiative von neuen Gründern in Ostdeutschland geht also in doppelter Weise am Problem vorbei: nicht nur die übermächtige Konkurrenz der westlichen Weltmarktkonzerne straft die Analogie zur Nachkriegssituation im Westen Lügen, sondern auch die prekäre Existenz einer kompletten, aber unterproduktiven und vom Weltmarkt abgehängten Industriestruktur im Osten selbst. *Deren* weiteres Schicksal ist das eigentliche Problem, nicht die ins Leere laufende Gründung hoffnungsvoller Klitschen. Wie aber die bisherige Analyse gezeigt hat, verlangt dieses wirkliche Problem der ostdeutschen Industriestruktur weder Fleiß noch Initiative schlechthin, sondern in erster Linie einen gewaltigen Einsatz von *Geldkapital* auf der Höhe des heutigen Weltniveaus. Der Marshallplan wäre dem Volumen nach ein Bettelpfennig dagegen. Nicht das Hocharbeiten kleiner Klitschen aus einer Trümmerwüste heraus steht zur Debatte, sondern die totale Umrüstung und Modernisierung einer kompletten Industriestruktur. Da aber Ostdeutschland eben ruiniert ist, besitzt es nicht einmal einen Bruchteil des erforderlichen Geldkapitals und kann deshalb »aus eigener Kraft« überhaupt gar nichts tun. Das ist der reale und im gesellschaftlichen Bewußtsein geahnte Hintergrund jener weithin zu beobachtenden Demoralisation und Selbstaufgabe.

Dieser Kerntatbestand konnte natürlich auch der westdeutschen politischen Klasse in ihrem Vereinigungseifer nicht gänzlich verborgen geblieben sein, auch wenn sie mit den dargestellten haltlosen Ideologien und Legenden den Ostdeutschen und sich selbst etwas vorgaukelte. Aber das Zauberwort Privatisierung war ja auch nicht allein und nicht so sehr für die kleinen ostdeutschen Gründer gedacht, sondern vielmehr für die westdeutsche Industrie selbst, die in den Beitrittsgebieten im Mega-Maßstab *investieren* sollte, sprich: diese Industrie zu großen Teilen *aufkaufen* als dick gepolsterter Weltmarktgewinner, um sie dann in die BRD-Exportmaschine irgendwie zu integrieren.

Diese Vorstellung entsprach nicht bloß der eigenen abstrakten Marktwirtschafts- und Privatisierungsideologie, sondern auch den Notwendigkeiten einer von der Bundesbank bis dahin eifersüchtig gehüteten monetären Stabilitätspolitik und damit einer Eingrenzung der ohnehin auch im Westen selbst nur mühsam zu bremsenden Staatsverschuldung. Vor allem dieser erwartete gewaltige Investitionsboom der BRD-Industrie im Osten war es, der die staatlichen Hilfen und Subventionen als begrenzt und bloß kurzfristig hatte erscheinen lassen, wie es im Schlagwort von der Anschubfinanzierung zum Ausdruck kommt. In satter Erwartung tönte der damalige Wirtschaftsminister Haussmann, wie sein Nachfolger Möllemann ein liberales Leichtgewicht, noch im Dezember 1989: »Ohnehin ist es falsch, vorrangig auf staatliche Hilfen zu setzen. Moderne Produktionsanlagen, technisches Wissen und Management-know-how sind nur zu haben, wenn privates Kapital gewonnen werden kann.«

Angeheizt wurde diese Erwartung noch durch ein ideologisches Sperrfeuer der gesamtdeutschen Linken, die in völliger Verkennung der ökonomischen Sachlage und befangen in der ewig hin- und hergewälzten abstrakten Eigentumsproblematik nichts besseres zu tun hatte, als vor einem drohenden *Ausverkauf* der ehemaligen DDR durch die krakenhaft ihre Fangarme ausstreckenden westdeutschen Konzerne zu warnen. Empört und keineswegs unberechtigt konterten die Liberalen und Konservativen diese Argumentation damit, daß sie auf die absolute Notwendigkeit westdeutscher Privatinvestitionen in den Beitrittsgebieten verwiesen, was ja schließlich nichts anderes darstelle als die Rettung eines heruntergewirtschafteten Großgebietes. Dieses publizistische Interpretationsgeplänkel setzte beiderseits die Investitionsbereitschaft der BRD-Industrie axiomatisch voraus und niemand fragte, ob diese Bereitschaft denn überhaupt gegeben sei.

Gewiß gab es beteuernde Absichtserklärungen der Industrie- und Arbeitgeberverbände, die bekanntlich für Öffentlichkeitskosmetik und Lobbypflege, aber eben gerade nicht für reale Investitionsentscheidungen zuständig sind. Ebenso war zwar die sektkorkenknallende nationale Euphorie auch unter den Managern vernehmbar, die jedoch sehr gut zwischen politischer Sympathie und betriebswirtschaftlichem Kalkül zu unterscheiden wissen. So kam das böse Erwachen sehr schnell, und die ostdeutschen Betriebsleiter, die liebend gern in die westliche Marktwirtschaft eingekauft werden wollten, beklagten sich schon seit dem Frühjahr 1990 bitter über mangelndes Investitionsinteresse ihrer westdeutschen Gesprächspartner, die nur gute Ratschläge zu verteilen hatten (und nicht einmal die immer kostenlos). Die BRD-Konzerne beeilten sich überhaupt nicht, ihre Fangarme und Saugnäpfe auszustrecken, und ihre Manager traten bei zahlreichen Symposien und Podiumsdiskussionen, Sondierungsgesprächen und Interviews im Osten zwar ideologisch überheblich und auftrumpfend, aber so gut wie gar nicht als Aufkäufer in Erscheinung.

Dies läßt sich auch sehr leicht erklären und hätte schon vorher erkannt werden können. Es macht auf dem heutigen Produktivitätsniveau des Weltmarkts keinen betriebswirtschaftlichen Sinn, eine völlig veraltete und nicht mehr wettbewerbsfähige Industrie aufzukaufen. Selbst wenn zusätzliche Kapazitäten für die Weltmärkte erforderlich würden, käme eher noch ein völliger Neubau auf der grünen Wiese in Frage, statt sich mit Abriß-, Umrüstungs- und Sanierungskosten herumzuquälen. Am allerwahrscheinlichsten, weil vermutlich kostengünstigsten aber wäre eine Erweiterung der eigenen Kapazitäten daheim in Westdeutschland, oder, als in den 80er Jahren immer häufiger gewordene Option, eine produktive Investition in überseeischen Absatzmärkten, vor allem in den USA und in Japan bzw. Südostasien. Aber auch innerhalb Europas kämen noch eher Frankreich, Italien oder die Benelux-Staaten als Standorte in Frage, da dort eine weitaus bessere und auf die Bedürfnisse großräumig operierender Industrien eingestellte Infrastruktur gegeben ist. Die Ex-DDR stünde als Standort immer schon im Wettbewerb mit allen EG-Standorten und sähe alt dabei aus. Da aber überhaupt schleierhaft ist, woher zusätzliche Exportmärkte für eine aufzukaufende ostdeutsche Industrie eigentlich kommen sollten, entfällt das Erweiterungsargument sowieso.

Der *ostdeutsche Binnenmarkt allein* aber, für den bisher die abgeschottete DDR-Industrie hauptsächlich produziert hatte, erfordert in den meisten Branchen keine einzige Investitionsmark, die sich rechnen würde. Denn dieser Markt kann, auch seiner räumlichen Nähe wegen, locker vom Westen aus beliefert werden; wenn nicht von der BRD-Industrie, dann eben von derjenigen ihrer EG-Partner, deren konkurrierendem Zugriff Ostdeutschland nunmehr schutzlos ausgeliefert ist. Dazu sind noch nicht einmal große Erweiterungsinvestitionen im Westen selbst nötig; es genügt völlig, die vorhandenen Kapazitäten hochzufahren und den Auslastungsgrad zu steigern.

Woher dann die *Kaufkraft* dieses Binnenmarktes kommen soll, die ja nur auf einer produktiven Beschäftigung der dortigen Menschen beruhen könnte, diese berechtigte Frage kann nicht das Bier der westlichen Betriebsmanager sein. So verlangt es die Logik des Marktes, die soeben als überaus siegreiche gefeiert worden ist. Es war also objektiv zu erwarten, was die ganzseitige schwarzrotgoldene Jubelanzeige der Unternehmensgruppe Tengelmann (»Wir freuen uns auf Deutschland, vor uns liegen große Aufgaben«) richtig gelesen schon gleich gesagt hatte: daß die Beitrittsgebiete von der BRD-Industrie nicht als Standort- und Investitionsgebiet, sondern als *reiner Absatzmarkt* betrachtet werden.

Diese Logik hat sich seither mit geringfügigen Modifikationen vollauf bestätigt. Gewiß gibt es einige wenige Branchen, in denen eine westliche Akquisition deswegen interessant sein könnte, weil sie auch in ihrer sozialistischen Form schon weltmarktfähig geblieben waren. Dazu zählt etwa der Druckmaschinenbau, wo die DDR bis zuletzt zu den stärksten Anbietern gehört hatte. Auch die Feinkeramikbranche in Ostdeutschland mit ihren traditionellen handwerklich geprägten Produkten (Porzellan und Steingut) hat gute Überlebenschancen. Aber diese Branchen mit vielleicht 20 – 30.000 Beschäftigten, die durch Rationalisierung erheblich ausgedünnt werden müßten, können eben deswegen auch ganz gut ohne westliche Kapitalspritzen auskommen und werden sich nach formaler Privatisierung gar nicht so leicht aufkaufen lassen.

Ein anderer, nur scheinbar zum Haupttrend gegenläufiger Fall ist das inzwischen angelaufene erhebliche Investitionsprogramm von Siemens in Ostdeutschland mit einem Volumen von mehreren Milliarden DM, verteilt auf mehr als 20 Projekte, die von einer eigenen Stabsstelle im Siemens-Konzern koordiniert werden. Auf den ersten Blick sieht dieses Projekt genau so aus, wie es die Projektionen der Vereinigungspolitiker vorausgesagt hatten. Freilich wird schon auf den zweiten Blick deutlich, daß es bei der angestrebten führenden Stellung von Siemens in den Beitrittsgebieten nur am Rande um *Weltmarktprodukte* geht. Nach eigenem Bekunden erwartet der Konzern vielmehr in der ehemaligen DDR vor allem eine »erhebliche Nachfrage« beim Ausbau der *öffentlichen Infrastruktur*, so bei der Energieversorgung, bei Verkehrssystemen und in der Telekommunikation. Mit anderen Worten: Siemens will bei den zu erwartenden *öffentlich-staatlichen Investitionen* auf allen Ebenen absahnen und sich diesen Markt öffentlicher *Konsumtion* durch entsprechende Produktionsstandorte in Ostdeutschland sichern. Unterm Strich wird ein negativer Investitionssaldo in dieser Hinsicht bleiben, weil die produktiven Investitionen von Siemens nicht auf Weltmarktproduktion, sondern auf binnendeutschen unproduktiven Staatskonsum bezogen sind. Außerdem übernimmt Siemens nur wenige Segmente der einschlägigen Kombinate; so werden beim Leipziger Starkstromanlagenbau von 20.000 Beschäftigten gerade 4.500 übrigbleiben.

Von diesen und ähnlich gelagerten Fällen abgesehen ist der Investitionsboom oder Ausverkauf auch mehr als ein halbes Jahr nach der Wirtschafts- und Währungsunion ausgeblieben. Dies hat sich in allen Basis- und Schlüsselindustrien gezeigt. Daß etwa die Montanindustrie der DDR niemand würde haben wollen, war von vornherein klar. Die Energieversorgung auf Braunkohle-Basis ist nicht nur ökologisch katastrophal, sondern auch ein ungeheures Zuschußgeschäft und nur aus der autarkistischen Struktur des Kriegssozialismus zu erklären. Diese Bergwerke können nur noch abgewrackt werden; dasselbe gilt für den Kali-Abbau mit vorsintflutlichen Anlagen, die z.T. auf dem Niveau des vorigen Jahrhunderts arbeiten.

Was die Stahlindustrie angeht, so leidet diese bekanntlich seit nahezu einem Jahrzehnt im Westen selber unter Strukturkrisen und Überkapazitäten; die westdeutschen Stahlmanager werden sich hüten, die museumsreifen DDR-Anlagen einzukaufen. Im Gegenteil, sie haben angefangen, selber die formal weiterproduzierenden DDR-Industriebereiche zu beliefern und die ostdeutschen Stahlkombinate auszustechen. So hat die ostdeutsche Nachfrage den Rumpf-Ein-Ofen-Betrieb des Hüttenwerkes Rheinhausen und dessen Restbelegschaft gerettet, auf Kosten der mit hoher Energieverschwendung arbeitenden und hoffnungslos konkurrenzunfähigen ostdeutschen Stahlindustrie, die ihre Aufträge auf dem eigenen Binnenmarkt verlor.

Dasselbe Bild bietet die Chemie-Industrie, deren astronomisch über den EG-Normen liegender Verseuchungsausstoß nicht nur im Raum Bitterfeld eine traurige Berühmtheit erlangt hat und die, abgesehen von ihrer mangelnden Produktivität und Rentabilität, allein schon der Altlasten wegen absolut unverkäuflich ist: Hoechst bleibt nach eigenen Angaben ohne Engagements in Ostdeutschland, bei Investitionen könne es sich »nur um Kleinigkeiten« handeln; und auch Bayer will in schönster Offenheit »in der Ex-DDR lieber verkaufen als investieren«.

Nicht anders in der fordistischen Schlüsselbranche der Automobilproduktion, wo die westliche private Investitionsbereitschaft gleichfalls minimal geblieben ist. Geradezu angewidert verzichtete BMW auf das einstige *Stammwerk Eisenach*, das Chairman v. Kuenheim wegen »Verrottung« nicht einmal geschenkt haben wollte.

Inzwischen hat sich dort zwar Opel eingekauft (v. Kuenheim wünschte zynisch-ironisch »viel Glück«), aber entgegen ersten hochfliegenden Erwartungen nicht durch Übernahme der AWE (Automobilwerke Eisenach), sondern durch Neubau auf der grünen Wiese und nur mit einer Rumpfproduktion, die nicht mehr als einen Bruchteil der bisherigen Belegschaft weiterbeschäftigen kann (von der Zulieferindustrie ganz zu schweigen). Abgesehen von der ohnehin anstehenden Wegrationalisierung der meisten nach Weltmarktmaßstäben unrentablen Arbeitsplätze wird das künftige Eisenacher Opel-Werk lediglich die Fertigungstiefe der spanischen Schwesterfabrik in Saragossa besitzen, d.h. weder Motorenbau noch Getriebefertigung einschließen, im Unterschied zu Saragossa sogar nicht einmal ein Preßwerk.

Mehr als »Schraubenzieherfabriken« und »verlängerte Werkbänke« sind also in dieser Schlüsselbranche nicht drin. Auch VW und Daimler beschränken sich auf einige Rosinen (so im Nutzfahrzeugbau); das Investitionsvolumen von VW in Shanghai dürfte dasjenige in Ostdeutschland übertreffen. Ohnehin lehnte der Betriebsratsvorsitzende Hiller kategorisch aus beschäftigungspolitischen Gründen jede »Verlagerung von Arbeitsplätzen in die DDR« schon im Sommer 1990 ab. Noch weniger kommen ausländische Investoren wie etwa die japanischen Autokonzerne in Betracht. Toyota sieht in der ehemaligen DDR lediglich »gute Absatzchancen« und will ebenso wie Nissan zügig eine eigene Handelsorganisation aufbauen. Und auch in anderen Traditionsbranchen sieht es nicht besser aus; Carl Zeiss Oberkochen kauft sich voraussichtlich im Kernbereich von Carl Zeiss Jena ein, aber von 27.000 Stellen werden bestenfalls 5.000 übrigbleiben.

Insgesamt bewegt sich das Investitionsvolumen der BRD-Konzerne für Ostdeutschland in einer Größenordnung, die in etwa derjenigen für ein größeres Dritte-Welt-Land wie Brasilien entspricht. Noch nicht einmal die (ohnehin nicht sehr bedeutungsvolle) Billiglohnoption in kleineren Industriezweigen greift. Der Präsident des Wirtschaftsverbandes Gesamttextil, Wolf Dieter Krause, erklärte ohne Wimpernzucken schon im April 1990, daß die BRD-Textilindustrie aus Kostengründen »auch künftig mehr in Portugal ... als in der DDR« produzieren werde. Ein Querschnitt von Investitionssignalen allein vom Juni 1990, dem Vormonat der Wirtschafts- und Währungsunion, läßt überall dasselbe Bild erkennen: großzügig investiert wird allein in Vertriebs- und Servicenetze, um die Beitrittsgebiete als Absatzmarkt in den Griff zu bekommen, verschwindend bleiben dagegen die produktiven Investitionen. Im Gegenteil, wie das Rumpf-Hüttenwerk Rheinhausen erhoffen sich auch andere von Kapazitätsabbau oder sogar Schließung bedrohte Westfabriken Rettung auf Kosten der ostdeutschen Industrie.

So erwartet die im Konkursverfahren befindliche Kammgarnspinnerei Wilhelmshaven den Erhalt von 300 Arbeitsplätzen und eine sanierte Rumpfaktivität durch das DDR-Geschäft. Die Otis-GmbH Westberlin, Hersteller von Aufzügen und Fahrtreppen, hat durch Aufträge von ostdeutschen Kaufhäusern bereits einen Expansionsschub zu verzeichnen. Bei nach eigenen Angaben »schleppenden« Bemühungen um Investitionen in einen geringen Teil der 200 ostdeutschen Beton- und Plattenhersteller prognostiziert der einschlägige Verband der 1.200 BRD-Produzenten »große Chancen« für den eigenen Absatz durch den Bedarf der ostdeutschen Kommunen. Während die AGA Gas-GmbH für technische und medizinische Gase in Ostdeutschland höchstens 200 Arbeitsplätze »in den nächsten Jahren« schaffen will, wird aber ein »flächendeckendes Verteilungsnetz« in diesem Gebiet angestrebt, das teilweise schon seit Anfang 1990 vom Westen aus versorgt wird. Die Bilfinger & Berger Bau-AG Mannheim gibt sich »für die Nachfrage aus der DDR gerüstet«, die als »maßgeblicher Zielmarkt« der nächsten Jahre genannt wird. Ebenso rechnet sich die Goldschmidt AG Essen (Metallurgie, keramische

Chemie) »gute Chancen bei der Sanierung des Schienennetzes« in Ostdeutschland aus, während zum Thema Beteiligungen »nur Unverbindliches« zu hören war und der Vorstandsvorsitzende sich »nicht in eine Akquisitionshysterie treiben lassen« will. Auf dem Getränkesektor feiert die Fürstlich Fürstenbergische Brauerei Donaueschingen »das erste westdeutsche Bier in ehemaligen DDR-Speisewagen«; gleichzeitig kippten ostdeutsche Brauer ihr Bier bereits protestierend auf die Straße. Die Grundig AG startet ihren ostdeutschen Vertrieb und plant euphorisch »den Aufbau eines flächendeckenden Service- und Händlernetzes«, ohne daß von irgendeiner ostdeutschen Produktion die Rede wäre. Wenigstens die Felten & Guilleaume Energietechnik AG Köln plant eine etwas kümmerliche Produktion von Bronzedraht im Osten, Priorität hat jedoch auch für sie der Direktvertrieb, da die ostdeutsche Energiewirtschaft »kaum weltmarktfähig« sei, weswegen sich der »einfache Einstieg bei Partnerfirmen« durchaus verbiete. Nicht lumpen läßt sich schließlich als Markteroberer auch die Continental AG, die in 3 Jahren 25 Prozent des ostdeutschen Reifenmarktes kontrollieren will, wobei wiederum allein der flächendeckende Vertrieb interessiert.

Dieser (keineswegs erschöpfende) Querschnitt eines einzigen Monats spricht eine deutliche Sprache und verdeutlicht das produktive Desaster. Natürlich handelt es sich dann auch bei den westlichen Absatzhoffnungen insoweit um Seifenblasen, als sie sich auf ihrerseits nicht existenzfähige ostdeutsche Firmen und Produktionsstrukturen als potentielle Abnehmer (für Investitionsgüter, Vor- und Halbprodukte usw.) beziehen. Es sei denn, der gesamtdeutsche Staat tritt weit über jedes ursprünglich geplante Maß hinaus und vor allem dauerhaft als Generalunternehmer in den Beitrittsgebieten auf: also genau das, was unter allen Umständen vermieden werden sollte.

War schon die Wiedervereinigung als solche politischem Zwang statt ökonomischer Rationalität des Kapitals zu verdanken, so mußte sich diese konfligierende Logik mit jedem praktischen Schritt weiter verfestigen und konkretisieren, aller marktwirtschaftlichen Ideologie zum Trotz. Der Umtausch der entwerteten Ostwährung war trotz seiner Staffelung in 1:1 bis 1:3-Relationen (Betriebsvermögen und -Verbindlichkeiten wurden schlechter getauscht als Bargeld und private Konten) bereits nicht allein ein politisches Wahlkampfgeschenk, sondern auch ein politischer Affront gegen die als selbstverständlich vorausgesetzte Welle von privaten Kapitalinvestitionen. Denn sowohl die Lohnkosten als auch die Verbindlichkeiten der ostdeutschen Betriebe wurden damit in ein derartiges Mißverhältnis zu ihrer geringen Kapitalproduktivität gesetzt, daß allein schon deswegen (und zusätzlich zu den bereits genannten Standortproblemen) der westliche Kapitalstrom blockiert werden mußte. Andererseits war eine andere Entscheidung politisch gar nicht möglich, sollte nicht der Kohlsche »Tag der Freude« schon schwere soziale Unruhen bringen.

Jeder Schritt in dieselbe Richtung aber zieht notwendig den nächsten nach sich. Noch die letzte DDR-Regierung Modrow war es, die sämtliche 8.000 DDR-Unternehmen kurz vor Torschluß am 17. Juni 1990 per Volkskammerbeschluß (festgeschrieben im Einigungsvertrag vom 31. August 1990) zwecks zukünftiger Privatisierung in eine Holding überführte mit dem schönen Titel »Anstalt zur treuhänderischen Verwaltung des Volkseigentums« oder kurz »Treuhand(anstalt)«. Ein Name, den man sich merken sollte für die nächsten Jahrzehnte – und sozusagen das Herzstück von Honeckers Rache, also ein wahres Danaergeschenk an den BRD-Staat, der diese Treuhandanstalt geerbt hat.

Denn diese als rasch verschwindende Übergangslösung gedachte Institution blieb natürlich durch den Investitionsstreik der BRD-Industrie auf den maroden ostdeutschen Betrieben sitzen, die sich verkaufen wie Sauerbier und von denen die meisten nicht einmal für den symbolischen Betrag von 1 DM einen Käufer finden, der sich auf irgendwelche Verpflichtungen (befristete Arbeitsplatzgarantien, Übernahme von Altlasten und Verbindlichkeiten etc.) einlassen würde. Hatte sich der zweite Treuhand-Chef, Sozialdemokrat und frühere Hoesch-Manager Detlev Karsten Rohwedder (der erste, Ex-Bundesbahn-Generalmanager Reiner Gohlke, mußte schon nach wenigen Wochen das Handtuch werfen) noch im Herbst 1990 mit völlig fiktiven Aktiva reichgerechnet und das zu veräußernde ostdeutsche Betriebsvermögen kühn auf 600 Milliarden DM beziffert, so sank der Realwert seither eher gegen Null.

Aus den sukzessive anfallenden Erlösen für die jeweils verkauften Betriebe sollten dem Modell nach jedoch gerade die Sanierungskosten für die schlechter verkäuflichen Teile der ehemaligen DDR-Industrie bestritten werden. Dieses Phantasymodell war es denn auch, auf das sich all jene Auguren beriefen, die noch kurz vor der Wiedervereinigung behauptet hatten, die gesamte ostdeutsche Reproduktionsstruktur könne am eigenen Schopf aus dem Sumpf gezogen werden. Faktisch aber gab es bis Ende Februar 1991 erst in 700 Fällen Verkäufe bzw. Verkaufsverhandlungen. Zu erwarten (also noch nicht einmal realisiert) sind nach eigener Auskunft der Treuhandanstalt bestenfalls magere 2,5 Milliarden DM an Verkaufserlösen, wobei kaum eine Zahlenangabe wirklich belegt ist und als sicher gelten kann. Allein die bis Anfang 1991 angefallenen Ausgaben der Treuhandanstalt für Liquidationen, Sozialpläne, ökologische Altlastenbeseitigung und die Finanzierung des eigenen Apparats haben bereits den 10- bis 20-fachen Betrag verschlungen, also mindestens 20 Milliarden DM. Und darin sind die Liquiditätskredite und sonstige Beihilfen, Bürgschaften etc. für die Betriebe noch gar nicht enthalten.

Da die Treuhandanstalt also selber auf dem letzten Loch pfeift und von der Bundesregierung gestützt und gefüttert werden muß, kann sie aber die paar wirklich oder vermeintlich sanierungsfähigen Bereiche ihres

»Schatzes« umso weniger umstandslos für das erstbeste Gebot losschlagen oder gar verschenken, als sie wenigstens einen teilweisen und kosmetischen Rückfluß der von ihr in wachsendem Ausmaß verschlungenen Gelder zu erwirtschaften hat: »Ich kann doch nicht unternehmenswesentliche Aktiva verkaufen, um anschließend auf einer unrentablen Rest-GmbH, inklusive Altlasten im Boden und Altschulden bei der Bank, sitzenzubleiben. Wir wollen die Dinge en bloc vom Tisch haben«, so der Hallenser Treuhand-Lokalchef Michael Dikkerhof. Je mehr sich aber die generelle Unverkäuflichkeit herausstellt und je geringer die westdeutsche private Investitionsbereitschaft insgesamt ausfällt, desto unverschämter werden natürlich auch die Forderungen der wenigen Kaufinteressenten, die sich vielleicht nur noch aus spekulativen Motiven melden.

Zwar wird die offenkundig hoffnungslose Situation von den Ideologen weiterhin in ihrer Tragweite heruntergespielt. Die Linken haben ihre völlig realitätsblinde Ausverkaufmetaphorik dahingehend modifiziert, daß jetzt angeblich die raubgierigen Konzerne bloß noch auf das Angebot des Nulltarifs warten, um dann aber gewaltig zuzuschlagen; die Liberalen und Konservativen frisieren denselben Gedanken in eine Hoffnung um: nur noch die bürokratischen Hemmnisse, ungeklärte Eigentumsverhältnisse und die undurchsichtigen Machenschaften alter SED-Seilschaften sollen es jetzt sein, die den westlichen Investitionsboom verzögert haben.

Aber auch diese blumige Bergsteigermetapher kann die Realität nicht einmal mehr notdürftig verschleiern. Die Investitionen des privaten Geldkapitals sind nicht gekommen, und sie werden auch nicht mehr kommen, weil es dafür überhaupt keinen kapitalistisch vernünftigen Grund gibt. Kein Wunder, daß in der politischen Führungsriege Nervosität zu flackern beginnt, weil die Rechnungen nicht aufgehen. Nicht nur der inzwischen aus dem Verkehr gezogene Wirtschaftsminister Haussmann, das erste Bauernopfer der Wiedervereinigungskatastrophe, fiel aus der Rolle, als er in einer Rede vom Sommer 1990 seine eigenen beweihräucherten Erfolgskapitalisten der BRD plötzlich als Krämerseelen beschimpfte, die sich ihrer heiligen Investitionspflicht schmählich entzögen. Auch Kanzler Kohl höchstpersönlich probte inzwischen mehrfach mit ähnlichen Worten einen ethischen Investitionssozialismus, der ihm in seiner neuen Honecker-Rolle zwar gut zu Gesichte steht, aber leider an den ökonomischen Tatsachen haarscharf vorbeigehen dürfte. Auch das seither vernommene einschlägige Verantwortungsgeraune des Bundespräsidenten v. Weizsäcker muß diesmal sein Ziel verfehlen. Das ergreifende Schauspiel einer konservativ-liberalen Kapitalistenbeschimpfung könnte also dem staunenden Publikum im weiteren Verlauf des Vereinigungsprozesses sogar noch des öfteren geboten werden.

Die Industrieruine
Ostdeutschland als Mezzogiorno der BRD

Von den binnenstrukturellen und weltökonomischen Bedingungen her sind Ausgangslage wie mittelfristige Perspektive der ostdeutschen Wirtschaft geradezu hoffnungslos. Als prädestinierte Armutszone (im Widerspruch zum wunderbaren Grundgesetz, das die Herstellung gleicher Lebensbedingungen auf dem gesamten Staatsterritorium verlangt) sind die Beitrittsgebiete schon bald mit dem italienischen Süden verglichen und als sich abzeichnendes deutsches Mezzogiorno apostrophiert worden. Nicht zu Unrecht ergänzte ein französischer Journalist: »aber ein Mezzogiorno mit der Bevölkerung von Turin«. Denn in der Tat handelt es sich ja keineswegs um die Bevölkerungs- und Beschäftigungsstruktur einer schwach entwickelten agrarischen Peripherie, sondern um Millionenmassen mit industriellen Bedürfnisstandards und Qualifikationen, noch dazu in einer hohen Erwartungshaltung hinsichtlich Entwicklung und Konsum.

Außer dem neuerdings sich tummelnden organisierten Verbrechen hat Ostdeutschland keinerlei strukturelle Gemeinsamkeiten mit Apulien oder Sizilien. Und den Bedürfnissen entsprechen eine komplette Industriestruktur und eine hochindustrialisierte Landwirtschaft. Die Neutronenbombe der Weltmarktkonkurrenz hat sowohl die Bedürfnis- als auch die Produktionsstruktur unversehrt stehenlassen; nur die gesellschaftliche Fetischsubstanz des ökonomischen Werts ist ausgelöscht. Wenn aber weder die eigene innere Initiative usw. diesen Zustand aufheben kann noch das westliche Investitionskapital fließt, weil keine gewinnträchtige Produktion und keine Märkte absehbar sind, dann wäre die logische Konsequenz kein zukunftsfrohes Aufbauwerk, sondern ein gigantisches Abrißunternehmen. Eine komplette Industriebevölkerung müßte neben ihren eigenen Produktionsanlagen, an die sie höchstens mit Bulldozer und Spitzhacke Hand anlegen dürfte, ohne jede selbständig zu beeinflussende Existenzmöglichkeit vegetieren. Eine Absurdität, die nicht nur den tiefen Irrationalismus der marktwirtschaftlichen Logik enthüllt, sondern auch sozial und politisch zu schwersten Verwerfungen führen müßte.

Damit freilich ist die Treuhandanstalt als Träger und Verwalter dieser immer deutlicher hervortretenden Absurdität erst einmal zu einer Art industriellem Selbstmordkommando mutiert. Noch im Sommer 1990 war ein rascher Privatisierungsprozeß als conditio sine qua non angesehen worden, und dementsprechend wurde ein erheblicher ideologischer, politischer und administrativer Druck auf die Treuhand ausgeübt. Der kurze Prozeß schien gefordert: »In welcher Reihenfolge die Objekte zu privatisieren sind, kann lange debattiert werden. Doch sollte man nicht festlegen, daß sie erst in Schuß gebracht werden müssen. Denn Reparaturen sind schon Investitionen, für die der neue Eigner zuständig ist« (Herbert Giersch). Wohlfeile Vorwürfe politischer Musterschüler, die Treuhand betreibe die Privatisierung der DDR-Staatswirtschaft zu zögerlich, ließen den ersten Präsidenten Reiner Gohlke nach nur 5 Wochen zurücktreten. Je mehr sich aber der durch und durch illusorische Charakter solch naßforscher Privatisierungsideologien herausstellte und der Investitionsstreik der westdeutschen Industrie sichtbar wurde, desto mehr verstummten auch diese Stimmen.

Schon im Winter 90/91 konnte es niemandem mehr verborgen bleiben, daß sich die Treuhand, wollte sie der marktwirtschaftlichen Logik wirklich folgen, aus einer vermeintlichen Privatisierungs- in eine reine Liquidationsanstalt hätte verwandeln müssen. Tatsächlich war ab Oktober 1990 von einer zirkulierenden Todesliste nicht mehr sanierungsfähiger Betriebe die Rede. Und stückweise wurden diese Drohungen auch wahrgemacht. So mußte nach heftigem Widerstand das traditionsreiche Kamerawerk Pentacon schließen, und auch das einstige Renommier-Kombinat Robotron schrumpfte gegen Null: von den ursprünglich 21 Betrieben hat sich Siemens Brauchbares ausgeschlachtet, der Rest ist entweder bereits offiziell bankrottiert oder wird ohne Produktionsperspektive von der Treuhand gehalten. Rund 70.000 Arbeitsplätze verschwanden mit Robotron und Pentacon. Auch die ursprünglich bis Ende 1991 geplante Produktion von Wartburg-PKW in Eisenach wurde von der Treuhand fallengelassen; Tausenden von Arbeitslosen des Automobilwerks werden Zehntausende in den Zulieferindustrien folgen. Und auch mit dem Beschluß, die einstige DDR-Fluggesellschaft Interflug zu liquidieren, hat die Treuhand jüngst ein negatives Highlight gesetzt.

Allerdings haftet allen diesen spektakulären Fallbeilbeschlüssen ebenso wie vielen inzwischen vollzogenen kleineren Liquidationen ein Geruch von Willkür an. Bis auf wenige Ausnahmen ist ja praktisch die gesamte ostdeutsche Industrie nicht wettbewerbsfähig und müßte komplett stillgelegt werden. Für graduelle Unterschiede aber, die eine auch nur einigermaßen realistische Staffelung erlauben würden, fehlen alle objektiven Bewertungsunterlagen. Die meisten Betriebe haben noch immer keine DM-Eröffnungsbilanz vorlegen können, während die eilig ausgeheckten Sanierungskonzepte ohne jeden realen Marktbezug Schall und Rauch sind. Schon von der Treuhand-Spitze wurden ja die Betriebsvermögen (Grundstücke, Gebäude, Maschinen) unrealistisch hoch angesetzt, und es läßt sich denken, daß die Betriebe selbst, die um ihr Überleben kämpfen, erst recht zum Schönfrisieren ihrer Bilanzen neigen. Völlig unklar bleibt bis heute, wer die in ihrer Tilgung eingefrorene Altlast der horrenden, nach der Währungsumstellung in DM erscheinenden Betriebsschulden tragen soll, deren Verzinsung vorerst von der Treuhand geleistet werden muß.

Von der Öffentlichkeit wenig registriert, spielt sich so spätestens seit Anfang 1991 ein gespenstisches Ringen zwischen den ehemaligen DDR-Betrieben und der Treuhand-Administration ab. Unter dem Damoklesschwert der drohenden Liquidation reichen die Betriebsmanager einen Sanierungsplan nach dem anderen ein, mit teilweise abenteuerlichen Konzepten, die ebenso reihenweise zurückgewiesen und der Neubearbeitung zugeteilt werden. In dieser kafkaesken Atmosphäre geschieht praktisch nichts anderes als die Verwaltung und qualvolle Verlangsamung des Staatsbankrotts der ruinierten DDR. Mangels Marktfähigkeit oder überhaupt nur irgendeiner Marktorientierung feiert zwischen Betrieben und Treuhand die alte staatssozialistische Beziehungsstruktur mit ihren undurchsichtigen Buchhaltertricks fröhliche Urständ.

Allerdings kann sich auch die Treuhand-Administration ihrer Rolle des strafenden und richtenden Gottes nicht so recht erfreuen, weil sie von zwei Seiten her politisch und ökonomisch in die Zange genommen wird.

Auf der einen Seite soll sie marktwirtschaftliche, konkurrenzökonomische Kriterien und betriebswirtschaftliche Straffung durchsetzen, was aber praktisch nur auf zunehmende Arbeitslosigkeit und Kapitalvernichtung hinausläuft, weil diese Kriterien nicht erfüllbar sind. Betriebsstillegungen und teils freiwillige, teils von der Treuhand erzwungene Ausdünnungen der Belegschaften haben die Arbeitslosigkeit von unter 100.000 vor der Währungsunion auf knapp 800.000 bis zum Januar 1991 kontinuierlich gesteigert. Auf der anderen Seite aber existiert ein mindestens ebenso großer politischer und ökonomischer Druck, die Arbeitslosigkeit und Kapitalvernichtung nicht allzu rasch und allzu stark ausufern zu lassen. Sowohl das ostdeutsche Management als auch die Belegschaften machen Druck und kämpfen verzweifelt als auch die Schönredner und Wirtschaftswunderpropheten der Bundesregierung wollen Erfolge sehen, und seien es fintenreich getürkte. Die kommunalen und Länder-Administrationen wollen Steuern fließen sehen, auch wenn sie aus subventionierten Produktionen stammen; und die Sozialkassen verlangen eine Eindämmung der Arbeitslosigkeit, um nicht selbst unter die Räder zu kommen. Erst recht pochen natürlich die inzwischen größtenteils gesamtdeutschen Gewerkschaften auf Arbeitsplatzerhalt und keynesianische Konjunkturprogramme des Staates.

Von der Treuhand wird also nichts geringeres als das berühmte Unmögliche verlangt, und das sofort. Eine solche ausweglose Situation fordert auf allen Seiten dazu heraus, das Desaster möglichst homöopathisch zu verdünnen und zeitlich zu strecken, solange es geht. Da nach der offenkundig gescheiterten Privatisierung die Alternative der Liquidation nur dosiert praktiziert werden darf, hat sich ein neues alternatives Scheinkonzept herauskristallisiert, das von Treuhandchef Rohwedder verfochten wird: »Sanierung statt bzw. vor Privatisierung«, also genau jenes »erst in Schuß bringen« der Betriebe, das noch im Spätsommer 1990 grundsätzlich verpönt war. Natürlich handelt es sich um eine bloße Projektion, weil niemand weiß, was überhaupt in Schuß gebracht werden soll, wofür und mit welchen Aussichten auf Erfolg. Aber danach fragt die durch die Hintertür zurückgekommene staats- oder kriegssozialistische Logik gar nicht. Die Treuhand beginnt einfach damit, ihrerseits Politik und Regierung in die Pflicht zu nehmen, weil ihr gar nichts anderes übrigbleibt.

Während die Treuhand und die Betriebsmanager für ihre wöchentlichen Sitzungen ein geduldiges Papier nach dem anderen produzieren, haben die realen Marktverhältnisse sich leider erdrutschartig verändert, ohne irgendein sowieso hinfälliges Konzept abzuwarten. Praktisch der gesamte ehemalige Binnenmarkt der alten DDR ist zusammengebrochen. Eine gewaltige Angebotswoge aus den alten Bundesländern und aus dem EG-

Raum hat die ostdeutsche Produktion binnen weniger Monate fast vollständig vom Markt gefegt. Allein zwischen November 1989 und November 1990 stürzte die Industrieproduktion auf dem Gebiet der ehemaligen DDR im freien Fall um satte 50 Prozent ab, eine selbst für die Zusammenbruchsökonomien Osteuropas einsame Spitzenleistung. Was nicht heißt, daß die restlichen 50 Prozent der Produktion verkauft worden wären, da die meisten ostdeutschen Betriebe, wenn überhaupt, auf Halde produzieren.

Dieses furiose Negativresultat ist umso bemerkenswerter, als die Heilsprognosen der gewinnerseligen Marktwirtschaftsfreunde schon für die Jahreswende 1990/91 bei vollen 7 Prozent Wachstum für Ostdeutschland gelegen hatten, eine völlig utopische Zahl, die an nichts als der Wirtschaftswunderlegende der 50er Jahre orientiert war. Und 1991 wird der Katastrophenprozeß der ostdeutschen Industrie und Landwirtschaft erst richtig auf Touren kommen. Nicht mehr einzelne Betriebe, sondern ganze Branchen werden in demselben Maße flächendeckend abrasiert, wie die entsprechende westliche Produktion übermächtig hereinflutet. Kein geringerer als Arbeitgebersprecher Klaus Murmann machte das Horrorszenario einer sogar die Zeit der Weltwirtschaftskrise in den Schatten stellenden Massenarbeitslosigkeit schon für das erste Halbjahr 1991 auf: »540.000 bei Stahlkochern und Metallverarbeitern, 150.000 in den Chemiekombinaten und Glashütten, 160.000 an den Webstühlen, 150.000 in Berg- und Kraftwerken. Zusammen mit 400.000 aus der Landwirtschaft und 700.000 im öffentlichen Sektor, so die Prognose, werden bis zum Sommer noch einmal weit mehr als zwei Millionen Jobs wegfallen« (*Spiegel*, 11.2.91). Das wären bis August 1991 drei bis vier Millionen Arbeitslose allein in Ostdeutschland, zusätzlich zu den 1,8 Millionen im Westen. Welcher stockdogmatische alte Marxist hätte es gewagt, ein derart überwältigendes Versagen der Marktwirtschaft vorauszusagen, deren totale Unfähigkeit zur Integration der Beitrittsgebiete sich zwingend aus ihrer eigenen Gewinnerlogik ergibt?

Die Treuhand mag von Woche zu Woche trickreicher und akrobatischer in ihrer Rhetorik werden, trotzdem kann sie sich keine Absatzmärkte für die zusammenbrechende ostdeutsche Produktion aus den Rippen schneiden. Der Ruf nach dem Export verheißt eher neue und wiederum haltlose Verzweiflungsprojekte. Denn wenn die Produktion schon auf dem eigenen Binnenmarkt keinerlei Chancen besitzt, wie sollte sie dann in Westdeutschland oder gar im westlichen Ausland bestehen können? Die alten DDR-Exporte in den Westen, außer Textilien und Möbeln etc. hauptsächlich Nahrungsmittel, Rohstoffe und Vorprodukte (so z.B. Zement) waren hoch subventioniert und dienten allein der nötigsten Devisenbeschaffung. Zu realen Marktbedingungen aber müssen diese früheren Scheinexporte in sich zusammenfallen; allein im dritten Quartal 1990 gingen sie schon um mehr als ein Drittel zurück.

Zum Scheitern verurteilt ist auch der Versuch, das agrarische Gesamtkunstwerk der EG für eine Subventionierung des Exports landwirtschaftlicher Erzeugnisse aus Ostdeutschland nachhaltig anzuzapfen. Dieses filigrane Gebilde steht selbst kurz vor dem Zusammenbruch und kann nicht die geringste Belastung mehr vertragen, da ohnehin schon riesige und wieder wachsende hochsubventionierte Mengen an Gemüse, Obst, Butter, Wein, Rindfleisch usw. hin- und hergeschoben, durch Dumping auf den Weltmarkt geworfen oder auf ausgeklügelte Weise vernichtet werden müssen. Der westdeutsche Bauernverband wehrte sich vom ersten Tag der Wirtschaftsunion an mit seiner bekannt starken Großlobby lautstark gegen jede agrarische Billigzufuhr aus den Beitrittsgebieten und verlangte zusätzliche staatliche Beihilfen, um die unerwünschte Konkurrenz wieder verjagen zu können.

Noch weitaus rabiater reagierten die in ihren Ländern militanten und einflußreichen italienischen und französischen Bauern gegen ostdeutsche Dumping-Exporte, die dem EG-System untergejubelt werden sollten. Hieß es noch am 1. August 1990, daß durch Liberalisierung des (damals noch DDR-) Agrarhandels und Öffnung zur EG die Krise in der ostdeutschen Landwirtschaft gestoppt werden sollte, so blockierten schon am 30. August französische Aktivisten die Grenzen gegen den Import von Vieh und Fleisch, das westdeutsche Händler zu Schleuderpreisen von DDR-Genossenschaften aufgekauft und mit hohen Gewinnspannen in Frankreich loszuschlagen versucht hatten. Die Aktivisten der französischen »Katholischen Agrarjugend« (JAC) drohten sogar mit Anschlägen. Ähnlich rabiate Retourkutschen wird es bei jedem einschlägigen Versuch in jedem beliebigen Land der EG geben, da die Bauern überall einer Preiskostenschere ausgeliefert sind.

Eine Fata Morgana dürfte auch die gelegentlich erhoffte Verwandlung Ostdeutschlands in eine reine oder hauptsächliche Dienstleistungsregion bleiben. Was den Tourismus angeht, so fehlt erstens jede dafür geeignete Infrastruktur und müßte erst unter hohen Investitionskosten aus dem Boden gestampft werden; es würde sich also nur das Geldkapitaldilemma der Industrie auf einem anderen Gebiet reproduzieren. Zum zweiten aber läßt trotz der sächsischen Schweiz die touristische Attraktivität der Ex-DDR im Vergleich zu den Alpen- und Mittelmeerregionen arg zu wünschen übrig, von den noch völlig unbewältigten schweren Umweltschäden als Negativfaktor ganz abgesehen (ein Abenteuerurlaub in Bitterfeld dürfte nicht gerade den westlichen Massengeschmack treffen).

Auch als Standort für industrielle und andere Dienstleistungen mit Bezug auf die westdeutschen Produktionszentren kommt Ostdeutschland kaum in Frage. Eine entsprechende Umqualifizierung würde nicht nur Jahre dauern und als solche schon ebenfalls hohe Kosten verursachen, sondern es fehlen auch die notwendigen Einrichtungen, die abermals das Investitionsproblem reproduzieren. Vor allem aber müßte erst einmal eine starke und eingespielte westliche Konkurrenz aus dem Feld geschlagen werden, da auch der Markt für Dienstleistungen im Westen kaum zusätzliche Angebotskapazitäten verträgt. Mehr noch, mit dem EG-Binnenmarkt schon 1992, also vermutlich auf einem Höhepunkt der Wiedervereinigungskrise, werden bis dahin noch abgeschottete westeuropäische Dienstleistungsanbieter auf den Markt der BRD drängen, die sogar die westdeutschen Dienstleister das Fürchten lehren könnten. Denn nach Untersuchungen verschiedener Mittelstands-Vereinigungen sind die einschlägigen Klein- und Mittelbetriebe der BRD auf diese Konkurrenz völlig unzureichend vorbereitet und wähnen sich völlig zu Unrecht sicher in ihren regionalen Marktnischen. Der EG-Binnenmarkt könnte aber auf dem Gebiet der Dienstleistungen einen ähnlichen Konzentrationsschub des Kapitals hervorrufen, wie er jetzt schon bei den Zulieferindustrien vor allem der Automobilkonzerne zu beobachten ist. Bei diesem Hauen und Stechen hätte eine erst mühsam hervorgepäppelte ostdeutsche Dienstleistungsbranche erst recht keine Chance.

So bleibt als letzter Hoffnungsschimmer der Export in den Osten, vor allem in die Sowjetunion, aber auch in die anderen ehemaligen RGW-Länder. Dorthin ging ja auch schon der Löwenanteil des Exports der alten DDR, es bestehen eingespielte Geschäftsverbindungen und die entsprechenden ostdeutschen Produkte sind teilweise schon deshalb wettbewerbsfähig, weil sie z.B. dem sowjetischen Normsystem entsprechen und deshalb von westlichen Anbietern gar nicht ausgestochen werden könnten (so vor allem bei Werkzeugen, Maschinen, Ersatzteilen und anderen Investitionsgütern, aber auch bei Röhren etc.). Bedauerlicherweise erscheinen für die ostdeutschen Betriebe seit dem 1.7.1990 ihre sämtlichen Herstellungskosten jedoch in harten DM, während die sowjetischen Partner auf der Abwicklung geschlossener Lieferverträge in Form des völlig wertlosen Kunstgeldes

Transferrubel bestehen; ein Umstand, der diesen Export betriebswirtschaftlich zur reinen Fiktion macht, die nur durch staatliche Subventionen aufrechterhalten werden kann (und Anlaß für die erwähnten Großbetrügereien bei der Währungsumstellung bot). Bis zum 31. Dezember hatte sich auf den von der BRD geerbten Transferrubel-Konten ein saldierter Überschuß von umgerechnet 23,4 Milliarden DM angehäuft; ein erheblicher Teil dieses Geldes dürfte verloren sein. Auch hier also: außer Spesen nichts gewesen.

Was aber zukünftige weitere und stillschweigend als sicher vorausgesetzte Exportaufträge nach Polen, in die Sowjetunion usw. zu reellen Weltmarktbedingungen angeht, so wurde diese Rechnung erst recht ohne den Wirt gemacht. Denn es ist ja nicht bloß der Staatssozialismus in der DDR zusammengebrochen. Die ehemaligen RGW-Partner sind allesamt mindestens genauso bankrott, wie die DDR es war. Die Folgen hätten absehbar sein müssen. Denn seitdem vom 1.1.1991 an neue Lieferverträge für Osteuropa und die Sowjetunion nur noch gegen Devisenbezahlung abgeschlossen werden können, wurde schlagartig fast gar nichts mehr bestellt: »Der Russe ordert nicht«, dieser Schreckensruf gellte durch die gesamte ostdeutsche Exportindustrie, die blauäugig die meisten ihrer Sanierungspläne auf den östlichen Auftragsfluß abgestellt hatte. Davon wird jetzt so gut wie gar nichts mehr übrigbleiben, denn in Devisen kann die zerbrechende Sowjetökonomie die ostdeutschen Exporte beim besten Willen nicht zahlen.

Daran wird auch der Feuerwehreinsatz des smarten Wirtschaftsamateurs Möllemann nichts ändern, der wohl selber nicht so genau wußte, warum er sich nach Erhalt dieser Hiobsbotschaft ins Flugzeug nach Moskau gesetzt hat und was er dort eigentlich erreichen könnte. Die einzige Möglichkeit wäre, den Sowjets vermutlich auf Nimmerwiedersehen das Geld für neue Importaufträge zu leihen oder am besten gleich zu schenken, damit der ostdeutsche Export wieder anspringt. Und genau darauf scheint Möllemanns monetärer Fallschirmsprung über Moskau hinauszulaufen, soweit er überhaupt Teile des Auftragsbestands zu retten imstande ist. Wie man es auch dreht und wendet: es kann immer nur auf irgendeine Form von Scheinproduktion hinauslaufen; eine Form der Tätigkeit freilich, in der es der Staatssozialismus bekanntlich zu Spitzenleistungen gebracht hatte. Während sich in einem Teil der ostdeutschen Industrie die marktwirtschaftlich völlig sinnlos weiterproduzierten Güter ansammeln und die Lagerhallen sich mit unverkäuflichen Mähdreschern, PKWs, Maschinen, Kleidern, Nahrungsmitteln usw. bevölkern, hat ein anderer Teil mit dem vorläufigen Segen der Treuhand für die Tätigkeit seiner weiterhin in Lohn und Brot stehenden Belegschaften ein neues Kürzel gefunden: »Kurzarbeit null in der Finalproduktion.«

Die ostdeutsche Gespensterproduktion wird nur noch übertroffen von den Scheinprognosen der westlichen Wirtschaftsinstitute, die nach dem ersten Schrecken ihre optimistische Science Fiction einfach ein wenig weiter in die Zukunft verlegt haben. Die bekannt unzurechnungsfähige Basler Prognos AG etwa, die bei entsprechendem Auftragsbestand das Blaue vom Himmel herunterprognostiziert und in der Phantastik ihrer Voraussagen normalerweise höchstens von der Budget-Direktion der US-Regierung überrundet wird, hat den »kräftigen Wirtschaftsaufschwung« mit unerreichbaren Wachstumsraten von 4 bis 5 Prozent für die Beitrittsgebiete nunmehr kurzerhand auf 1994 verlegt. Warum nicht 10 Prozent für das Jahr 2010?

Deutschland, ein Milliardenmärchen
Die endlose Kostenlawine der Wiedervereinigung

Weit davon entfernt, die Wirtschaftskraft der BRD zu stärken oder gar die ökonomische Grundlage für eine »neue Weltmacht« abzugeben, wird die voreilig gefeierte Wiedervereinigung als Konkursunion ganz im Gegenteil zu einem monetären Alptraum, dessen Ende überhaupt nicht mehr abzusehen ist. Das rein formale Aufaddieren des Bruttosozialprodukts der früheren DDR als vermeintlicher Zuwachs für die BRD erweist sich als ziemlich naive Milchmädchenrechnung der politischen Klasse, die sich mehr Gewicht erhofft und dieses auch bekommen hat, allerdings in einer unangenehm buchstäblichen Form als Last auf dem Rücken der BRD selber. Der albern strahlende Sieger macht eine jener Erbschaften, deren Wert nur auf dem Papier steht und die in Wirklichkeit ruinöse Kosten verursachen. Statt den Verlierer in die eigene Geldmaschine einspannen zu können und neuen, zusätzlichen Profit produzieren zu lassen (so das Szenario linker wie rechter Vereinigungsesoteriker), muß der bekränzte Sieger nun selber den Dukatenesel spielen, ohne dadurch auch nur den Abstieg der Beitrittsgebiete zur gefährlichen Armutszone verhindern zu können.

Schon jene mindestens 150, wahrscheinlich aber eher 180 Milliarden DM des Währungsumtauschs der Stunde Null müssen als reiner Kostenfaktor der Anschubfinanzierung gerechnet werden. Denn es wurde ja nicht eine konvertible, weltmarktgültige Währung umgetauscht, sondern eine reine Binnenwährung, deren produktive Grundlage nur noch auf dem Papier stand und bereits unter jedes internationale Kaufkraftniveau gefallen war. Da unter reellen Marktbedingungen in der DDR wie im gesamten Ostblock längst eine Hyperinflation hätte stattfinden müssen, die nur künstlich zurückgestaut war und eben dadurch den Staatsruin verursacht hatte, wurde die Ostmark praktisch im Moment der Öffnung entwertet und die harten DM gegen nullwertigen Geldmüll getauscht. Hinzu kommen noch die schon vorher ausbezahlten Milliarden der Begrüßungsgelder seit November 1989 sowie die Milliardenverluste durch die Umstellungsbetrügereien, ebenfalls Summen ohne jede produktive Grundlage, die eigentlich von der westdeutschen Gesamtkaufkraft abgezogen werden müßten.

Der zweite negative und monetär rein belastende Startfaktor sind die erwähnten Altschulden der ehemaligen DDR-Betriebe, die diese beim SED-Staat aufgehäuft hatten und die als Außenstände der DDR-Staatsbanken erscheinen. Summa summarum waren es nicht weniger als 250 Milliarden Ostmark, hinzu kamen 80 Milliarden Schulden der heruntergekommenen DDR-Wohnungswirtschaft. Beim Währungsumtausch konnten diese Schulden nicht einfach gestrichen werden, da ja das gesamte monetäre System der DDR voll übernommen wurde. Ein 1:1-Umtausch bei Sparguthaben und ein wesentlich schlechterer bei den Betriebsschulden hätte bedeutet, daß das umgestellte ostdeutsche Bankensystem schnell in die Knie gegangen wäre, denn es hätte die voll umgestellten Sparguthaben (das eigene Soll) auch voll verzinsen müssen, aber von den nur zu einem Bruchteil umgestellten Schulden der Betriebe (das eigene Haben) eben auch nur einen Bruchteil der Zinsen bekommen. So mußten die Betriebsschulden wenigstens im Maßstab 2:1 umgetauscht werden, sodaß sich der Start-Schuldenberg unter Einschluß der Wohnungswirtschaft auf satte 165 Milliarden DM beläuft.

Auch dies ist im Prinzip verlorenes Geld und belastet die monetäre Reproduktion der BRD für die nächsten Jahre und Jahrzehnte bei ständiger Verzinsung. Bis jetzt ist der Dumme für diese fast gänzlich uneinbringlichen Altschulden noch nicht gefunden. Die Betriebe selbst lehnen die Übernahme dieser Last mit Händen und Füßen ab, da ja dadurch ihr Fehlstart in den freien Markt mit noch einem zusätzlichen Handicap belastet wird und erst recht jede Hoffnung schwinden muß, daß sich ein westlicher Aufkäufer findet, der vom Affen gebissen sein müßte, einen hoffnungslos verschuldeten Betrieb sich aufzuhalsen.

Die Schulden der bisher liquidierten Betriebe müssen ohnehin jetzt schon abgeschrieben werden. Aber auch die kurz vor der Währungsunion geschaffene Deutsche Kreditbank (DKB), in der die Geschäftsbankfunktion der ehemaligen DDR-Staatsbank ausgegliedert werden soll, wollte diese uneinbringlichen Schulden nur ungern in ihre Bilanz aufnehmen. Inzwischen ist die DKB neben der Berliner Stadtbank zur reinen Altlastenverwalterin geworden, da sie keinerlei Neugeschäft betreibt. Weil die Betriebe aber so gut wie gar nicht zahlen, muß ihnen die DKB seit Anfang 1991 ein Moratorium einräumen, was wiederum heißt, daß die DKB ihrerseits ein Moratorium bei der Staatsbank benötigt, über die sie sich zu refinanzieren hat. Die Deutsche Bank, die das Filialnetz der DKB übernimmt, will natürlich mit den prekären Kreditbeständen aus DDR-Zeit erst recht nichts zu tun haben. Mehrfach wurde der Vorschlag gemacht, diese Altlasten der Betriebsschulden gänzlich der Treuhand aufzuhalsen, die jetzt schon als Eigentümerin faktisch für deren Bedienung verantwortlich ist. Die Treuhand jedoch ihrerseits, die allein 1990 mehr als 5 Milliarden DM Zinsen ohne Tilgung auf diese Schulden leisten mußte (um diese Summe erhöhte sich somit bereits von Juli bis Dezember 1990 der Betriebsschuldenberg, ein aus allen Schuldenkrisen bekanntes Eskalationsspielchen), möchte die heißen Kartoffeln gern an den Bundesfinanzminister weitergeben, der sich gleichfalls ziert. Aber weggezaubert können diese längst in Rauch aufgelösten Kredite nicht werden, denen keine müde Mark an produktiven Werten entspricht; und mit auflaufenden Zinsen und aufgeschobenen Tilgungen wird dieser Berg weiterwachsen und auf die produktive Bilanz der Gesamtökonomie drücken.

Damit aber noch lange nicht genug. Denn zur Anschubfinanzierung gehörten natürlich auch sämtliche Sozialkassen der ehemaligen DDR, d.h. die Rentenversicherung, das Gesundheitswesen bzw. die Krankenversicherung und die Arbeitslosenversicherung, die in der DDR gar nicht vorhanden gewesen war und völlig neu aufgebaut werden mußte. Das heißt dann logischerweise auch, daß sofort anfallende Leistungen nicht aus eingezahlten Beiträgen beglichen werden konnten, während andererseits die vorhandenen Sozialfonds genauso entwertet waren wie alle übrigen DDR-Gelder. Hatte der Bund sich zunächst mit lächerlichen 2,75 Milliarden DM für die Sozialversicherung Ostdeutschlands aus der Affäre ziehen wollen, so mußte in mehreren Nachtragshaushalten nachgebessert und bis Jahresende 1990 ein zweistelliger Milliardenbetrag nachgeschoben werden, insgesamt ca. 10 Milliarden DM. Bis heute existiert kein genauer Kassensturz über die wirkliche Höhe der Defizite in den ostdeutschen Sozialkassen, z.T. aufgrund von Unsicherheiten bei Einzug und Beitragsberechnung. Vermutlich sind betriebliche Abgaben teilweise bereits anderweitig verbuttert worden. In der Endabrechnung wird allein die Anschubfinanzierung des ostdeutschen Sozialsystems in der zweiten Jahreshälfte 1990 ein riesiges Loch in den Gesamtstaatshaushalt reißen, genannt wurden Zahlen bis 30 Milliarden DM und mehr.

Zum monetären Anschub gehört auch die Übernahme des gesamten Staatshaushalts der Ex-DDR inclusive inneren und äußeren Staatsschulden; am 3. Oktober 1990 ist die Verantwortung für den weiteren Vollzug des Ostberliner Staatshaushalts 1990 auf Bundesfinanzminister Theo Waigel übergegangen. Soweit diese Defizite und Schulden nicht schon in denjenigen des Sozialsystems enthalten sind, schlagen sie nun ebenso als zusätzliche Start- und Übernahmekosten zu Buche, d.h. sie erscheinen jetzt in DM und müssen beglichen und bedient werden. Auch in dieser Hinsicht gibt es bis heute keinen Kassensturz, aber die Summe ist erheblich, eher ein drei- als ein zweistelliger Milliardenbetrag. Denn die DDR hatte in ihren letzten Lebensmonaten noch einmal hemmungslos die Notenpresse angeheizt und ihren Geldmantel aufgeblasen wie nie. Gleichzeitig hat die Staatsbank Berlin zwischen Währungsunion und politischem Anschluß mehrfach Kapitalanleihen im Westen plaziert, also abfließende Einlagen durch West-Schulden ersetzt, wofür ironischerweise die wertlosen Alt-Kredite an die DDR-Betriebe als Aktiva und somit teilweise als Sicherheiten dienten.

Zu erinnern ist ferner an die mindestens 20 Milliarden, zur Abwechslung nicht DM, sondern Dollar, mit denen die DDR schon Ende 1989 auf den internationalen Finanzmärkten verschuldet war; auch diese Erbschaft hat Waigel bis heute nicht völlig offengelegt. Die Ironie der Geschichte will es, daß für die BRD durch die Wiedervereinigung sogar noch Uraltschulden des ehemaligen Deutschen Reiches im Ausland fällig geworden sind, und zwar aufgrund des Londoner Schuldenabkommens von 1953. Das Volumen beträgt kleine 13,4 Milliarden DM, u.a. aufgrund einer Dawes-Anleihe von 1924 (für Reparationszahlungen nach dem 1. Weltkrieg!), einer Young-Anleihe von 1930 etc. Vom Zeitpunkt der Wiedervereinigung an müssen hierfür Zinsen und Tilgungen für die Zeit von 1945 bis 1952 gezahlt werden.

Der letzte und ebenfalls schwergewichtige Posten von Altlast und Anschub endlich sind die *politischen Kosten* der Wiedervereinigung, vor allem gegenüber der Sowjetunion, aber auch gegenüber anderen Grenzländern des ehemaligen Ostblocks. Allein die Kosten für den Abzug der Roten Armee aus Ostdeutschland betragen 20 bis 25 Milliarden DM; u.a. hat sich die Bundesregierung zu einem großzügigen Wohnungsbauprogramm für die abgezogenen Soldaten in verschiedenen Regionen der

Sowjetunion vertraglich verpflichtet. Hinzu kommen Kreditverpflichtungen im Rahmen von Wirtschaftsverträgen, die mit der Sowjetunion, Polen, der CSFR und Ungarn ohne Zweckgebundenheit geschlossen wurden. Verpflichtungen ergeben sich ebenfalls aus Verträgen, die die DDR noch kurz vor der Wiedervereinigung eigenmächtig mit der Sowjetunion teils abgeschlossen und teils storniert hatte: rund 5 Milliarden DM werden die Ausgleichszahlungen an östliche Handelspartner der DDR kosten, die für stornierte Verträge abgefunden werden müssen. Umgekehrt sind es 2,3 Milliarden DM, die ein genialer Liefervertrag der DDR mit der Sowjetunion für Rind- und Schweinefleisch vom Herbst 1990 kosten wird: Moskau zahlt nur den Weltmarktpreis, die Differenz zum EG-Preis muß wohl von der Bundesregierung getragen werden, die sich deswegen noch mit der EG-Bürokratie herumstreitet. Schließlich haben die humanitären Hilfsaktionen für Osteuropa und wiederum besonders die Sowjetunion seit Herbst 1990 mehr als 2 Milliarden DM verschlungen. Mit weiteren Nachforderungen und politisch vermittelten Zusatzverpflichtungen ist zu rechnen.

Insgesamt ist es ein astronomischer Betrag, der allein als Startlast der Wiedervereinigung anfällt durch Währungstausch, Altschulden und Anschubfinanzierung sowie politische Außenkosten, eine Summe, die sich scheinbar verliert in einem Gestrüpp von völlig undurchsichtigen Buchungen, Verschiebungen und unentschiedenen Rangeleien verschiedener Finanzierungsträger. Solange der verantwortliche Bundesfinanzminister und die Regierung weder fähig noch willens sind, dieses Gestrüpp zu lichten und die Gesamtsumme offen auf den Tisch zu legen, darf sie aus den genannten Posten ohne weiteres auf rund eine halbe Billion DM geschätzt werden. Eine ungeheuerliche Startlast, die teils sofort anfiel (und nicht einmal als solche bis jetzt erschöpfend ausgewiesen wurde), teils auf viele Jahre hinaus das monetäre System der BRD schwer belasten wird.

Dabei handelt es sich aber wohlgemerkt allein um die unmittelbaren Kosten der Wiedervereinigung selbst, mit denen noch kein einziger weiterer Schritt für eine zukünftige Reproduktionsfähigkeit Ostdeutschlands finanziert ist. Die ruinierte Industrie, auf der die Treuhand sitzengeblieben ist, müßte für eine auch nur annähernde Marktfähigkeit auf dem eigenen Binnenmarkt, ganz zu schweigen von den OECD-Exportmärkten, einer gewaltigen Aufrüstung ihres gesamten Maschinenparks unterzogen werden. Natürlich lassen sich diese Investitionskosten bestenfalls annähernd schätzen, wobei das Volumen von der künftigen Weltmarkt- und Produktivkraftentwicklung abhängt. Dem Trend zur ständigen Erhöhung der Kapitalintensität entsprechend dürften diese Kosten eher steigen. Allein in dieser Hinsicht wurden für die nächsten 10 Jahre Summen von 1 bis 2 Billionen DM genannt. Aber noch nicht einmal diese Aufrüstung allein würde reichen. Denn die ostdeutsche Industrie ist nicht nur ihrer geringen Produktivität wegen nicht wettbewerbsfähig, sondern auch aufgrund ihrer unattraktiven und qualitativ schlechten Produkte. Die Entwicklung neuer Produkte aber hat nicht nur einen Vorlauf von Jahren, sondern würde auch zusätzliche Entwicklungskosten in Milliardenhöhe verschlingen, bevor auch nur ein einziges dieser neuen Produkte verkauft werden könnte. Nicht einmal ein erheblicher Zufluß westdeutschen Privatkapitals hätte diese Kosten erbringen können; nachdem dieser Zufluß aber ausbleibt, wird die industrielle Sanierung in dieser Größenordnung vollends illusorisch und zu einem Faß ohne Boden für Regierung, Treuhand etc.

Diese Billionensumme aber ist noch lange nicht alles, entspricht sie doch lediglich dem objektiven Investitionsbedarf, wie er normalerweise vom Privatkapital selbst für seine Unternehmungen aufgebracht werden muß und in diesem Falle eben niemals aufgebracht werden kann. Hinzu kommen jedoch unausweichlich die *öffentlichen* Investitionskosten, die von Bund, Ländern und

Gemeinden für die *Rahmenbedingungen* kapitalistischer Produktion und menschlicher Reproduktion überhaupt erbracht werden müssen; teils direkt, teils in Form halbstaatlicher Institutionen und Unternehmungen. Auch in dieser Hinsicht sind allein die Kosten für die Altlasten in den Beitrittsgebieten uferlos. Die DDR hatte, je prekärer ihre Lage auf den Weltmärkten wurde, desto rücksichts- und hemmungsloser Umwelt und Infrastruktur verkommen lassen. Diese Investitionen müßten nun dringend nachgeholt werden, nicht bloß und nicht so sehr, um die Lebensqualität auf westlichen Standard zu bringen (das dürfte den Verantwortlichen eher egal sein, solange nicht der offene Aufruhr droht), sondern vor allem deswegen, weil ohne diese Sanierung der Rahmenbedingungen Ostdeutschland als *Standort* für Unternehmen noch weiter und hoffnungsloser zurückfallen muß.

Mit an vorderster Stelle steht die Notwendigkeit einer Aufrüstung des Kommunikations- und Verkehrsnetzes. Bis jetzt kann man leichter aus Portugal nach Düsseldorf telefonieren als von Leipzig aus; das gesamte Telekommunikationssystem verlangt in kürzester Zeit Investitionen bis zu 30 Milliarden DM. Der Siemens-Konzern steht hier als Produzent zwar Gewehr bei Fuß, aber erst einmal muß die öffentliche Hand die Finanzierungsmittel dafür aufbringen, da Siemens bisher nicht als Caritas für notleidende deutsche Regionen bekanntgeworden ist. Noch schlimmer steht es um das Straßen- und Schienennetz Ostdeutschlands. Allein für den Straßen- und Autobahnbau wurden ca. 300 Milliarden DM Kosten veranschlagt; hinzu kommen weitere zweistellige Milliardenbeträge für eine Modernisierung der Bahnstrekken.

Desolat ist auch die gesamte Energieversorgung. Ein großer Teil der ostdeutschen Atom- ebenso wie der Braunkohle-Kraftwerke müßte eigentlich sofort stillgelegt werden, da sie weder den Umwelt- noch den Sicherheitsauflagen der BRD (die immerhin gesetzlich fixiert sind) entsprechen. Insgesamt soll die vollständige Sanierung der Energieerzeugung und -verteilung in Ostdeutschland nach verschiedenen Schätzungen (u.a. der Siemens-Tochter KWU) angeblich bis zu 500 Milliarden DM kosten. Zwar hatte die Bundesregierung nichts eiligeres zu tun, als den westdeutschen Stromriesen RWE, Bayernwerk und der VEBA-Tochter Preussen-Elektra in den Beitrittsgebieten dieselbe zentralistische Monopolstellung wie im Westen zu sichern (eine noch aus dem Nationalsozialismus stammende Struktur), aber selbstverständlich unter Ausklammerung der horrenden Altlasten, deren Finanzierung völlig offen bleibt.

Erst recht kostenintensiv wird die Sanierung der Umweltschäden und der Trinkwasserversorgung. Das Wasser ist derart stark mit Schadstoffen belastet, daß die Grenzwerte der EG bei weitem überschritten werden. Die entsprechenden Schäden sind auch im Westen gewaltig, da die ökologischen Kosten der freien kaum weniger als diejenigen der geplanten Marktwirtschaft externalisiert werden; aber durch den brutalen Raubbau der ökonomisch in die Enge getriebenen DDR sind sie derart angeschwollen, daß zweistellige Milliardeninvestitionen innerhalb der nächsten 4 Jahre erforderlich werden, um auch nur die Grundlagen der Versorgung aufrechterhalten zu können. Eine umso hoffnungslosere Rechnung, als schon die Gelder für die Eindämmung der nur graduell verschiedenen Schadstoffbelastung im Westen selbst fehlen. Dasselbe gilt für die Altlasten der sonstigen weit über das schon gravierende Maß des Westens hinausgehenden Umweltschäden durch Mülldeponien (spätestens seit Beginn der 80er Jahre war die DDR zwecks Devisenbeschaffung zu einer ersten Adresse für Giftmüllabnahme geworden), durch verseuchte Böden der chemischen und anderer Industrien etc. Insgesamt wird ein Aufwand von mehreren hundert Milliarden DM geschätzt, um die Umweltschäden in der DDR wenigstens halbwegs auf westliches Niveau (das bekanntlich selber hoch genug ist) herunterzutransformieren. Allein das aufgelassene Uranbergwerk »Wismut« wird 10 bis 15 Milliarden DM Stillegungskosten verursachen.

Nicht anders steht es mit den sonstigen Bereichen der gesellschaftlichen Infrastruktur wie Schul-, Erziehungs- und Ausbildungssystem sowie Gesundheitswesen. Auch hier müßten dreistellige Milliardenbeträge allein in die marode Bausubstanz von Schulen, Universitäten und Krankenhäusern investiert werden, von der Ausstattung ganz zu schweigen. Die Deutsche Krankenhausgesellschaft schätzt die notwendigen Aufwendungen nur für den Klinikbereich auf 35 Milliarden DM. Ein Drittel der 441 ostdeutschen Kliniken müßte abgerissen, ein weiteres Drittel mit hohem Aufwand saniert werden. Ebenfalls zur Infrastruktur gehört der Bestand an Wohnhäusern, die vor allem in den Städten in erschreckendem Ausmaß heruntergekommen sind und deren Sanierungsbedarf (bei einem Schuldenberg von 40 Milliarden DM!) mindestens 200 Milliarden DM beträgt.

Es lohnt gar nicht, die angedeuteten Summen zusammenzurechnen, so hoffnungslos illusionär wäre der finanzielle Gesamtaufwand, der noch das Reagansche Aufrüstungsprogramm der USA in den 80er Jahren übersteigen müßte. Andererseits kann jedoch auf dieses gigantische Investitionsprogramm auch eigentlich nicht verzichtet werden, da sich sonst ein Teufelskreis auftut: je länger die Investitionen ausbleiben und je geringer sie ausfallen, desto schneller bricht die ostdeutsche Wirtschaft zusammen und desto geringer werden die Privatisierungsmöglichkeiten der Treuhand; je stärker sich aber dieser Niedergangs- und Auflösungsprozeß durchsetzt, desto unrentabler und ökonomisch ins Leere gehend werden umgekehrt die Investitionen. So kann es nur als schlechter Witz anmuten, wenn unverbesserliche Gesundbeter aus Regierungskreisen und Wirtschaftsinstituten mit der aberwitzigen Prognose hausieren gehen, die ehemalige DDR werde schon in wenigen Jahren »der modernere Teil Deutschlands sein«.

Freilich hat sich die Realität längst mehr als unangenehm bemerkbar gemacht. Denn weder die riesigen Startkosten, die für die Voraussetzungen und den Umstellungsakt der Wiedervereinigung draufgingen, noch die ebenso unausweichlichen wie illusionären Billionensummen eines Gesamtinvestitionsprogramms für das kommende Jahrzehnt decken ja im mindesten die *laufenden Kosten* für die Reproduktion Ostdeutschlands und seiner Menschen, die tagtäglich erbracht werden müssen. Die Anschubfinanzierung hat überhaupt nichts angeschoben, im Gegenteil ist 8 Monate nach Beginn der Wirtschafts- und Währungsunion der ostdeutsche Zusammenbruch erst in sein offenes Stadium eingetreten.

Hatten die Betriebe schon vom ersten Tag an nur mit (von der Treuhand verbürgten) Liquiditätskrediten über Wasser gehalten werden können und damit völlig neue Schuldenberge angehäuft, wahrscheinlich rund 50 Milliarden DM bis Jahresende (allein im Juli und August waren es über 30 Milliarden DM), so ist damit nur die Spitze eines Eisbergs erfaßt. Denn erstens sind damit weitere Milliardenkredite noch gar nicht erfaßt, wie sie z.B. von der Frankfurter Kreditanstalt für Wiederaufbau (einer halbstaatlichen Kreditinstitution der BRD, die in der Nachkriegsentwicklung eine große Rolle gespielt hatte) und von Bürgschaftsgesellschaften oder Bürgschaftsbanken etc. als Investitionsanschubprogramm nach Ostdeutschland gepumpt worden sind, ohne daß die Verwendung der Mittel ausreichend hätte kontrolliert werden können. Zweitens sind auch nicht abgelieferte Sozialversicherungsbeiträge in unbekannter Höhe aufgelaufen. Drittens schieben die Betriebe einen wachsenden Berg unbezahlter Rechnungen an ihre Lieferanten vor sich her, d.h. z.T. untereinander, z.T. westlichen Lieferanten gegenüber. Viertens aber wird ein wachsender Prozentsatz der Belegschaften, mindestens 2 Millionen, als Kurzarbeiter vom Arbeitsamt finanziert.

Insgesamt müssen also allein die laufenden Kosten der Betriebe seit 1. Juli 1990 eine riesige Summe verschlungen haben, die nur zu einem Bruchteil durch (seinerseits wieder subventionierten) Absatz gedeckt war und deren Brisanz sich erst in den kommenden Wochen und Monaten herausstellen wird. Diese aufgelaufene neue Last wäre selbst dann schon prekär, wenn inzwischen die famose Marktwirtschaft endlich anspringen würde. Aber das genaue Gegenteil ist ja der Fall. Der Auftragsbestand der ostdeutschen Unternehmen schmilzt wie Schnee an der Sonne, während die Kosten für laufende Haldenproduktion, Stillegungen, subventionierte Löhne und versickerte Liquiditäts- und Investitionskredite Milliarde um Milliarde in die Höhe schnellen.

Allein die seit Anfang 1991 zusammenbrechenden Auftragsbestände aus der Sowjetunion, sollen sie auch nur teilweise formell aufgefangen werden, müssen faktisch doppelt subventioniert werden: »Während der Bund das Zahlungsrisiko der Sowjets über Hermes trägt, trägt er die Subventionen für die östlichen Exportbetriebe über die Treuhandanstalt« (Heinz Schmitz). Denn die in DM anfallenden Produktionskosten werden selbst dann nicht gedeckt, wenn die Sowjets in Devisen zahlen würden, weil die Exportindustrie der Ex-DDR weit unter dem Produktivitätsniveau des Weltmarkts arbeitet, aber nunmehr auch in der Sowjetunion natürlich nur noch Weltmarktpreise erzielen kann. Außerdem kann die Finanzierung sogar eine dreifache werden, wenn die Sowjets, denen der Hut an allen Ecken brennt, bundesdeutsche Kredite anderweitig verwenden, die subventionierten Aufträge also trotzdem nicht bezahlen und dann die Hermes-Bürgschaften der Bundesregierung für ostdeutsche Exporte noch extra fällig werden. Auch hier gibt es bereits »neue Altlasten« aus dem 2. Halbjahr 1990, und zwar für in die Sowjetunion exportierte Güter mit einem Volumen von 10,5 Milliarden DM, deren Bezahlung offen ist.

Im Frühjahr 1991 sind also neue große und massenhafte Liquiditätszusammenbrüche ostdeutscher Firmen zu erwarten, während gleichzeitig in erheblichem Umfang Ausfallbürgschaften für neue verlorene Kredite, unbezahlte Rechnungen und nicht abgeführte Sozialbeiträge fällig werden. Während aber auf diese Weise ein unübersehbarer Berg von Risiken und Kosten schon aus der laufenden betrieblichen Reproduktion entsteht, explodieren im selben Zeitraum die Sozialkosten und die Defizite ihrer Träger. Jede Stillegung ist mit kostenintensiven Sozialplänen verbunden, um die erbittert gekämpft wird und die von der Treuhand immer massiver beschnitten und als überzogen bezeichnet werden. Die Kosten für Arbeitslosengeld und Arbeitslosenhilfe klettern unaufhaltsam bei leeren Kassen, da die Beiträge nicht einmal zu einem Bruchteil fließen; im Gegenteil muß ja auch noch die absurd hohe Kurzarbeit von den Arbeitsämtern mitfinanziert werden.

Dieser galoppierende Zusammenbruch (und jedes andere Wort wäre nicht stark genug) verlängert sich aber unaufhaltsam in die öffentliche Reproduktionsstruktur hinein. Sämtliche Haushaltsplanungen der ostdeutschen Länder und Kommunen beruhen auf blauäugigen Annahmen über ein Anspringen des Marktmotors, die sich jetzt schon als nichtig herausgestellt haben. Damit aber bleiben auch die Steuereinnahmen aus. Statt die erforderlichen riesigen Investitionen auch nur beginnen zu können, ist die ostdeutsche öffentliche Hand schon seit Februar 1991 nicht einmal mehr dazu in der Lage, ihre laufenden Kosten und die Gehälter ihrer Angestellten zu bezahlen. Die meisten Kommunen sind praktisch bankrott. Die kommunale Sozialhilfe bricht, kaum gestartet, schon zusammen; Kindergärten, Schwimmbäder, Bibliotheken usw. müßten geschlossen, die Kultur insgesamt praktisch eingemottet werden.

Die Hochrechnung der ostdeutschen öffentlichen Defizite für 1991 kam bereits im Januar auf mindestens 50 Milliarden DM. Pro Kopf wäre damit die Verschuldung der neuen Länder (deren Finanzierung völlig ungeklärt ist) schon im ersten Jahr so hoch wie diejenige in den Altländern innerhalb von 33 Jahren. Gleichzeitig aber sollen diese neuen Bundesländer nicht vor 1995 am bundesdeutschen Finanzausgleich teilnehmen dürfen, eine von den westdeutschen Länderchefs in den Einigungsvertrag fein eingefädelte Frechheit, die natürlich ihrem eigenen Finanzierungsdruck geschuldet ist. Bundesfinanzminister Waigel war unverschämt genug, den ostdeutschen Ländern und Kommunen »mangelnde Sparsamkeit« und »fehlenden Subventionsabbau« vorzuwerfen, ohne auf die konkreten Zwangslagen einzugehen. Kein Wunder, daß die ostdeutschen Länderchefs unabhängig von ihrer Parteizugehörigkeit Sturm laufen und das Verhalten von Westländern bzw. Bundesregierung als »unverfroren« und »sittenwidrig« bezeichnet haben.

Besonders gravierend ist die Situation auf dem Wohnungsmarkt. Ist dieser schon im Westen durch die ausufernde Spekulation angespannt, so treibt sie im Osten auf einen totalen Kollaps zu. Die (meist kommunalen) Wohnungsbaugesellschaften, die den maroden Bestand verwalten, sitzen nicht bloß auf jenen 40 Milliarden DM Altschulden und stehen nicht nur vor jenem Gebirge von 200 Milliarden DM notwendigen Investitionskosten, sondern sie können auch die laufenden Kosten nicht mehr bezahlen und laufen in eine gigantische Neuverschuldung hinein, ohne daß auch nur eine einzige Wasserleitung repariert wäre. Denn während die Mieten aufgrund der angespannten sozialen Situation kaum erhöht werden können, wurden die Energiekosten bereits entsubventioniert, sodaß allein aus diesem Grund sich schon eine gewaltige Kosten-Einnahmen-Schere auftut; dasselbe gilt für weitere Kostensteigerungen in DM für Instandhaltung, kommunale Dienste usw. Eine Entsubventionierung und sofortige Freigabe der Mieten aber, wie sie offenbar Waigel zu fordern wagt, hätte ein Millionenheer von Obdachlosen zur Folge. Denn bei z.B. 800 bis 1.200 DM Nettoeinkommen (für die 3 Millionen Ost-Rentner liegt das Durchschnittseinkommen bei 672 DM) ist eine Mietsteigerung von ca. 70 DM auf ca. 600 bis

700 DM logischerweise nicht zu verkraften, zumal die Arbeitslosigkeit explodiert.

Alle Parameter deuten also darauf hin, daß Ostdeutschland und damit die BRD insgesamt auf eine Wirtschafts- und Finanzierungskatastrophe zutreibt. Ein jährlicher Nettotransfer von 300 Milliarden DM, wie ihn der *Wirtschaftswoche*-Herausgeber Wolfram Engels genannt hat, muß als objektive Unmöglichkeit bezeichnet werden. Ein solches Milliardenmärchen kann auch eine kapitalistische Volkswirtschaft von der Größenordnung der BRD nicht mehr verkraften.

Die Konjunktur-Münchhausiade
Binnendeutsche Strohfeuer-Prosperität als Sekundärkonjunktur

Wenn die alte BRD trotz der ökonomischen und sozialen Bedrohung durch die Kosten der Einheit, die ja auch noch unabsehbare politische Konsequenzen nach sich ziehen könnten, weiter in einem ebenso satten wie dummdreisten Gewinnerbewußtsein verharrt, so offenbar deswegen, weil das so eilfertig einverleibte Ostdeutschland immer noch als eine Art »äußerer Faktor« betrachtet wird. Gerade linke Scheinrealisten und notorische Reformpolitiker wie z.B. die Grüne Antje Vollmer, die soeben ihren stillen Frieden mit der Marktwirtschaft geschlossen haben, legen ein eigenartig kontrafaktisches Räsonnement an den Tag: statt die peinliche Grundlosigkeit des westdeutschen Gewinnerbewußtseins aufzudecken, wird dieses beim Wort genommen und lediglich ein bescheideneres und freundlicheres Auftreten den Verlierern gegenüber angemahnt, die gerade dadurch noch einmal beleidigt und als inferior bloßgestellt werden.

Dieses ungebrochene, aber falsche Bewußtsein hat einfach noch nicht realisiert, daß es überhaupt nicht mehr um politische Umgangsformen geht, sondern die Marktwirtschaft der BRD objektiv unfähig ist, den geschluckten Brocken zu verdauen und Ostdeutschland zu integrieren. Und daß dieser immer deutlicher werdende Tatbestand verheerende Konsequenzen für die BRD als nunmehr gesamtdeutsches Ganzes haben muß. Wenn auf die boomende und geradezu überschäumende Konjunktur der letzten Jahre und speziell in 1990 verwiesen wird, so unterschlägt diese berufsoptimistische Betrachtungsweise nicht nur die trotzdem kaum zurückgehende Sockel-Massenarbeitslosigkeit und weiterwachsende neue Armut im Westen selber, sondern vor allem den *Faktor Ostdeutschland* und sein wirkliches Gewicht. Diese selektive Auffassung ist Teil einer Vogel-Strauß-Politik, die eine Milchmädchenrechnung nach der anderen produziert.

Tatsächlich hatte die alte Bundesrepublik 1990 mit 4,6 Prozent (1989: 3,9 Prozent) die höchste Zuwachsrate seit 1976 zu verzeichnen, fast schon in Größenordnungen des guten alten Wirtschaftswunders also. Dieser Höhenflug scheint jedoch demjenigen des Ikarus zu gleichen. Denn mit erstaunlicher Hartnäckigkeit wird das einverleibte Ostdeutschland einfach nicht mit eingerechnet. Dies hat keineswegs bloß etwas mit statistischen Schwierigkeiten zu tun (die es sicherlich auch gibt), sondern vor allem mit einer ahnungsvollen altbundesdeutschen Betriebsblindheit, die das neue Glied am eigenen Körper noch nicht als Holzbein akzeptiert hat und als immer noch fremd und äußerlich erlebt. So »mochte« Egon Hölder, der Präsident des Statistischen Bundesamtes, »nicht bestätigen«, daß sich das Bruttosozialprodukt der neuen Bundesländer im selben Zeitraum um knallharte 15 Prozent verringert hat (ganz zu schweigen von der Entwicklung seit Anfang 1991). Das Bild vom erfolgstrotzenden reichen Onkel einerseits und dem armen Verwandten andererseits wird weitergemalt, obwohl die Wiedervereinigung diese äußerliche Gegenüberstellung aufgehoben hat.

So kann dann natürlich auch nicht deutlich werden, was sich hinter der scheinbaren Erfolgsfassade der jüngsten Superkonjunktur in Westdeutschland wirklich abspielt. Auf den ersten Blick könnte es so erscheinen, als ob sich die Gewinnerstory der alten BRD geradlinig fortsetzt und sie deshalb umso mehr in der Lage sein müßte, die Ex-DDR aufzusaugen und positiv zu integrieren, auch um den Preis einer wesentlich längeren Anschubfinanzierung als ursprünglich gedacht. Aber dies würde voraussetzen, daß die wunderbare neue und vermeintlich endlose Hochkonjunktur sich selber trägt und einer inneren Eigendynamik der Wirtschaft in den alten Bundesländern entspricht. Nur dann könnte daran die berechtigte Hoffnung geknüpft werden, das Desaster Ostdeutschlands und die sozialökonomische Wiedervereinigungskatastrophe zwar nicht aufzuheben, aber wenigstens für einige Zeit hinaus- und in die 90er Jahre hineinzuschieben, also die bewährte Aussitzerpolitik in Kohlscher Manier noch einmal ein wenig zu prolongieren.

Aber an genau dieser Voraussetzung mangelt es. Die Konjunktur in den alten Bundesländern, würde sie unter den Bedingungen vor dem Zusammenbruch der DDR ablaufen, könnte sich bereits seit Mitte 1990 nicht mehr selbst tragen und wäre in eine Abschwungphase mit gefährlicher Krisenperspektive eingetreten. Die eigene Binnennachfrage der alten BRD war schon am Aufschwung der 80er Jahre nur in geringem Maße beteiligt und ist zu Beginn der 90er Jahre eher in eine Stagnationsphase eingetreten. Nach Mitteilung der GfK-Marktforschung ist der Konsum in Westdeutschland 1990 rapide zurückgegangen und insbesondere bei langlebigen Gebrauchsgütern seit dem Spätsommer 1990 »geradezu eingebrochen und aktuell auf das Niveau zu Beginn der 80er Jahre zurückgefallen« (*GfK-Pressedienst*, Februar 1991). Das läßt sich auch leicht erklären: Massenarbeitslosigkeit und neue Armut haben die Kaufkraft erheblicher Bevölkerungsteile herabgedrückt, während gleichzeitig für viele Besserverdienende längst Sättigungsgrenzen im Ausstattungsgrad der Haushalte (vor allem mit langlebigen Konsumgütern) erreicht waren; in jüngster Zeit ist auch der seit Mitte der 80er Jahre gestylte und hochgepushte Luxuskonsum erheblich zurückgegangen.

So war es vor allem der Export, in erster Linie in die westlichen OECD-Länder, der die Konjunktur trug. Der

Außenhandel und dessen Überschüsse waren ja von Anfang an ein Erfolgsfaktor der BRD gewesen, hatten das Wirtschaftswunder mitkonstituiert und seit den frühen 80er Jahren noch einmal einen ungeahnten Höhenflug erlebt. Ende der 80er Jahre war die BRD zum absoluten Exportweltmeister aufgestiegen. Und noch bis zum Frühjahr 1990 konnten von Monat zu Monat neue Rekorde in der Ausfuhr gemeldet werden. Im Januar 1990 stieg der Export gegenüber dem Januar 1989 (der auch schon ein Rekordvolumen aufgewiesen hatte) absolut um 10,9 Prozent auf phantastische 55,9 Milliarden DM. Und trotz gleichzeitig stark gestiegener Einfuhr erhöhte sich der Überschuß per Saldo der Handelsbilanz gegenüber dem Vorjahresmonat mit 12,8 Milliarden DM um 8,4 Prozent; gegenüber dem Dezember 1989 sogar um 27,7 Prozent.

Aber im Laufe des Jahres 1990 ging die Weltkonjunktur immer stärker zurück, und zwar nicht nur aufgrund zyklischer Schwankungen, sondern auch schwerer struktureller Schwächen und Schäden in zentralen OECD-Ländern (insbesondere einer hohen Überschuldung in allen Bereichen). Vor allem die USA und Großbritannien trieben auf eine Rezession zu, in die sie seit dem letzten Quartal 1990 voll eingetreten sind. Rezessive Signale machten sich auch in Spanien und Italien bemerkbar. Der Jahreswirtschaftsbericht der EG für 1990 spricht sogar davon, daß erstmalig in der ökonomischen Geschichte alle großen Wirtschaftsblöcke (Japan, USA, EG) gleichzeitig in eine Rezession steuern; das würde bedeuten, daß antizyklische Effekte durch den Außenhandel aufgrund gegenläufiger Zyklen in anderen Weltregionen ausbleiben und die bereits angelaufene Rezession sich um ein Vielfaches verstärkt.

Dieser gleichläufige Abschwung der Weltkonjunktur ließ die Konjunkturlokomotive des westdeutschen Exports schon seit Mitte 1990 erlahmen. In allen wesentlichen Branchen gab es Rückgänge und sogar Einbrüche. Die ohnehin strukturell kränkelnde Stahlindustrie, die nur durch den hypertrophen Export der BRD-Gesamtindustrie noch einmal mitgezogen worden war, mußte trotz hoher Zuwachsraten noch in der ersten Jahreshälfte ihre Produktion 1990 insgesamt um 7 Prozent auf nur noch 38,5 Millionen Tonnen zurückfahren. Der Maschinenbau als wesentlicher Export-Indikator erlebte eine starke Verlangsamung des Wachstums, das bis einschließlich September noch 7,2 Prozent betragen hatte, am Ende aber für das Gesamtjahr auf 6 Prozent fiel, was auf einen rapiden Rückgang im letzten Quartal verweist; dies betrifft jedoch nur die Inlandsaufträge. Die Exportaufträge sanken sogar um volle 7 Prozent, sodaß insgesamt für 1990 ein reales Minus von 2 Prozent verzeichnet werden muß, gerade durch den einbrechenden Export bedingt. Im Dezember 1990 allein gab es sogar eine dramatische Verschlechterung um insgesamt 6 Prozent (Inland nur noch plus 3 Prozent, Ausland katastrophal minus 14 Prozent). Auch die seit 1982 von Rekordsteigerungen besonders im Auslandsgeschäft verwöhnte chemische Industrie erlebte im vierten Quartal 1990 drastische Umsatz- und Gewinneinbußen. Erst recht ging der Export der westdeutschen Automobilindustrie, eines Schlüsselbereichs, im Gesamtjahr 1990 um volle 5 Prozent auf 2,766 Millionen Fahrzeuge zurück, ebenfalls besonders stark in der zweiten Jahreshälfte; nachdem schon vorher der Absatz in den USA stark eingebrochen war, schlugen nun auch die Konjunkturschwächen in den EG-Ländern durch.

Das Bild einiger Großbranchen bestätigt sich in der Statistik des Gesamtexports. Wie Anfang 1991 bekannt wurde, war ab November 1990 ein derartiger Einbruch des gesamten Exportüberschusses zu verzeichnen, wie es selbst Fachleute so rasch nicht für möglich gehalten hatten. Denn im November ergab sich für das vereinte Gesamtdeutschland nur noch ein Ausfuhrüberschuß von 3,3 Milliarden DM, d.h. im Vergleich zum Vorjahr ein Rückgang von dramatischen 66,7 Prozent. Daß auf diesem Gebiet plötzlich die »statistischen Schwierigkeiten«

wie weggeblasen waren und anscheinend problemlos eine gesamtdeutsche Statistik vorgelegt wurde, könnte freilich einen allzu durchsichtigen Grund haben. Denn in diesem Falle wird die Statistik durch die Hereinnahme Ostdeutschlands ausnahmsweise sogar noch (trotz des Rückgangs) *geschönt*, und für ein Schönfrisieren gibt es offenbar keine Erhebungsschwierigkeiten.

Die Handelsbilanz der Ex-DDR wies nämlich im November 1990 einen besonders hohen Überschuß auf, allerdings nicht aufgrund wirtschaftlicher Stärke, sondern allein durch die Turbulenzen der Wiedervereinigung und der Systemzusammenbrüche in den ehemaligen Ostblockländern. Denn erstens brach der Import Ostdeutschlands aus den RGW-Ländern mit der Wiedervereinigung praktisch zusammen, es gab sogar jene (von der Bundesregierung zu subventionierenden) Auftragsstornos; gleichzeitig aber erschien der gewaltig gesteigerte Import aus westlichen Ländern nicht als ostdeutscher, weil er großenteils über die BRD abgewickelt wurde. Zweitens aber steigerte Ostdeutschland vorübergehend seine (ebenfalls zu subventionierenden) Exporte in die Sowjetunion auf Transferrubel-Basis, ein Exportstrom, der wie gezeigt bei Produktionskosten in DM einer absurden Scheinproduktion gleichkommt und aus den genannten Gründen erst seit Jahresbeginn 1991 zu versiegen droht. Aufgrund dieser Faktoren konnte das Außenhandelsergebnis der Ex-DDR plötzlich formal in rosigstem Lichte erscheinen, wenn auch nur für ganz kurze Zeit, und die gesamtdeutsche Statistik positiver erscheinen lassen, als es bereits zu diesem Zeitpunkt der Realität entsprach. Hatte die Handelsbilanz der DDR noch im November 1989 ein *Minus* von 0,7 Milliarden DM aufgewiesen, so gab es im Vereinigungsmonat Oktober 1990 einen Überschuß von 1,9 Milliarden DM und im November dann sogar von 2,5 Milliarden DM. Rechnet man diesen letztlich irregulären Überschuß heraus und nimmt nur die alte Bundesrepublik als Rechnungsbasis, dann schrumpfte *deren* Exportüberschuß um sage und schreibe 88 Prozent auf gerade noch 762 Millionen DM. Im Vergleich zu den Rekordergebnissen der Vorjahre kommt dies hinsichtlich der Überschüsse praktisch einem Stillstand der BRD-Exportmaschine in den OECD-Raum gleich.

Diese Tendenz könnte sich 1991 eher noch verstärken, sobald die Rezession in den USA, in Großbritannien und im südlichen Europa schärfer wird und auf weitere Länder übergreift. Wenn die Konjunktur in der alten BRD trotzdem nicht zurückzugehen scheint, vielmehr seit dem Sommer 1990 noch einmal aufschäumt und sogar von einer »Insel der Seligen« die Rede war, auf der die Sonne der Prosperität im Gegensatz zum Rest der Welt einfach nicht untergehen will, so hat dies einen sehr einfachen Grund: die westdeutsche Industrie hat in diesem Zeitraum den ostdeutschen Binnenmarkt wie mit einer Dampfwalze überrollt und unter sich aufgeteilt.

Schon vor der Währungsunion hatte sich der innerdeutsche Handel auf einer West-Ost-Einbahnstraße in der ersten Jahreshälfte 1990 mehr als verdoppelt. Im Juni, einen Monat vor dem Stichtag der Geldumstellung, schwoll der Warenstrom von West nach Ost dann um mehr als das Vierfache gegenüber dem Vorjahresmonat an. Höchst aufschlußreich ist die Aufschlüsselung dieser Steigerungsrate nach Branchen: Stieg der Verkauf von westdeutschen Grundstoffen und Halbfabrikaten in die Ex-DDR nur um 115 Prozent und der von Investitionsgütern um 270 Prozent, so machte die Steigerung bei Verbrauchsgütern 451 Prozent, bei Nahrungs- und Genußmitteln 762 Prozent und bei landwirtschaftlichen Produkten gar 3684 Prozent aus. Mit anderen Worten: Ostdeutschland wurde, genau wie zu erwarten war, zum konsumtiven Absatz-Eldorado, während der produktive Investitionssektor weit zurückblieb.

Dieser Sog ist seither nicht schwächer geworden, im Gegenteil. Das Institut der deutschen Wirtschaft (IW) schätzte den Überschuß der alten BRD im innerdeutschen Handel für 1990 auf rund 30 Milliarden DM. In merkwürdiger Diskrepanz zur monatlichen Außenhandelsbilanz seit Herbst 1990, die bereits den ostdeutschen Außenhandel mit einschließt und dadurch zumindest für das letzte Quartal 1990 Schönungseffekte enthält, wird aber die Außenhandelsbilanz für das Gesamtjahr 1990 noch für die alte BRD allein erstellt, was rein zufällig auch wieder ein Schönfrisieren ergibt. Denn da erscheint Ostdeutschland plötzlich wieder als Ausland und jene 30 Milliarden DM Überschuß im innerdeutschen Handel, obwohl der Löwenanteil sich auf die Zeit nach der Wirtschafts- und Währungsunion bezieht, werden dem Export der alten BRD zugeschlagen. Auf diese Weise ist die absolute Exportsteigerung freilich immer noch gegenüber 1989 von 11,5 auf 8 Prozent zurückgegangen, real (d.h. ohne den DDR-Effekt) wäre es aber ein wesentlich stärkerer Rückgang auf bloß noch 3 Prozent mit düsteren Aussichten für 1991.

Auch die sektorale Struktur des westdeutschen Absatzbooms in Ostdeutschland (bzw. durch Ostdeutsche, die in der alten BRD einkaufen) hat sich gegenüber dem Juni 1990 nicht mehr wesentlich geändert. Fast ausschließlich hat das Konsumgütergewerbe in den alten Bundesländern profitiert: von PKWs bis zu Personalcomputern, von Farbfernsehern und Videorecordern bis zu Kühlschränken und Waschmaschinen, von Elektrorasierern bis zu Platten- und CD-Spielern. Noch mehr gilt das für die Nahrungs- und Genußmittelindustrien, die hauptsächlich aufgrund des Nachfragesogs aus Ostdeutschland nicht bloß bei Bananen 1990 insgesamt einen Produktionszuwachs von satten 20 Prozent verzeichnen konnten.

Daraus ergibt sich dann eine gleich in doppelter Hinsicht »gespaltene Konjunktur«. Gespalten nämlich zum einen innerhalb Westdeutschlands selbst, weil die Industrien für Grundstoffe, Halbfabrikate und Investitionsgüter (wie der Maschinen- und Anlagenbau) bereits den Rückgang der Weltkonjunktur zu spüren bekommen und zunehmend lahmen, während die Konsumgüterindustrien noch hoch auf der Welle des DDR-Effekts reiten und auf diese Weise ziemlich einseitig die westdeutsche Gesamtkonjunktur tragen, mit nur relativ geringer Ausstrahlung in den Investitionsgüterbereich, weil vielfach nur die Auslastungskapazitäten des vorhandenen Maschinenparks hochgefahren werden. Gespalten zum andern aber zwischen West- und Ostdeutschland, weil der Konsumgüterboom in den alten Bundesländern eben darauf beruht, daß die einschlägigen ostdeutschen Industrien vom Markt gefegt werden.

Es hat fast etwas Erheiterndes an sich, wie dieser innere und logisch zwingende Zusammenhang der gesamtdeutschen Wiedervereinigungsmisere mit immer unglaubwürdigeren Sprachregelungen verklausuliert wird. Die Redeweise von der »gespaltenen Konjunktur« in den meisten Wirtschaftskommentaren vermeidet es seit Monaten ziemlich sorgfältig, diesen Zusammenhang in seiner ganzen Häßlichkeit offenzulegen; stattdessen könnte es fast so erscheinen, als hätten der (aus dem allgemeinen Zyklus ausbrechende) Aufschwung West und der rapide Niedergang Ost im vereinigten Vaterlande eigentlich gar nichts miteinander zu tun, als wäre das eine bloß die Fortsetzung des gewohnten Erfolgs auf den OECD-Märkten und das andere nichts als die Erblast sozialistischer Mißwirtschaft, die bald beseitigt sein wird, auch wenn das etwas länger dauert als zunächst angenommen.

Tatsächlich aber ist die überschäumende, zyklusuntypische Wiedervereinigungskonjunktur gleich in mehrfacher Hinsicht eine veritable Katastrophenkonjunktur, deren dickes Ende sehr bald nachkommen wird. Denn sie ist erkauft mit der faktischen Vernichtung eines Großteils der ostdeutschen, nicht konkurrenzfähigen Industrie, die doch eigentlich saniert und in die BRD-Marktwirtschaft integriert werden sollte. Gesamtdeutschland frißt seinen eigenen Leib auf, ein ziemlich unappetitlicher Vorgang. Der Mechanismus wurde zwar durchaus schon im Sommer 1990 beschrieben: »Im normalen Wirtschaftsablauf bekommen die Leute Löhne, Gehälter und andere Einkünfte, die sie teils wieder ausgeben, teils sparen. Die Konsumausgaben werden damit zu Einnahmen von Unternehmen. Die liquiden Mittel, die als Einlagen bei Banken landen, werden in Form von Krediten in die Wirtschaft zurückgeschleust. In der DDR ist dieser Prozeß der Kredit- und Geldschöpfung und damit die Liquiditätsversorgung der Wirtschaft zusammengebrochen. Die Konsumenten haben zwar einen großen Teil ihrer laufenden Einkommen wieder ausgegeben. Diese Käufe landeten aber teilweise als Einnahmen bei Unternehmen aus der Bundesrepublik. Die Ersparnisse blieben bei Banken in der DDR, wobei es zu erheblichen Umschichtungen von den dortigen Sparkassen zu den Zweigstellen westdeutscher Großbanken kam, weil diese derzeit höhere Zinsen zahlen. Die Kreditgewährung, durch die die Liquiditätslükke in einer funktionierenden Wirtschaft geschlossen wird, kommt nicht in Gang. Das bedeutet gleichzeitig, daß die Banken, denen die Liquidität zugeflossen ist, sie nicht in der DDR, sondern in der Bundesrepublik anlegen. Die Bundesrepublik saugt die DDR-Liquidität also in zweifacher Form ab – als Käufe der DDR und als Anlagen von DDR-Ersparnissen im Westen« (Wolfram Engels).

Der VWL-Professor und Herausgeber der *Wirtschaftswoche* hatte diesen »Liquiditätskollaps« damals freilich nur als kurzfristige Übergangsproblematik angesehen, die man »schnell wieder aufheben« könne. Deswegen möchte er vielleicht heute an diese Analyse gar nicht mehr so gern erinnert werden. Denn jetzt hat es sich herausgestellt, daß er in Wirklichkeit keine vorübergehende Übergangserscheinung beschrieben hat, sondern ein *prinzipielles Strukturdilemma*, das sich seit der Wiedervereinigung eher verstärkt als abgeschwächt hat und für das weder ein Ende noch eine Lösung abzusehen ist. Die einseitige Wiedervereinigungskonjunktur in den alten Bundesländern ist nichts Erfreuliches, sondern

Ausdruck dieses Strukturdilemmas, das sich sogar noch weiter verschärft. Denn im Sog dieser einseitigen Konjunktur wandern auch massenhaft gerade die qualifizierten Arbeitskräfte aus der Ex-DDR weiter ab und vermindern so die Überlebenschancen der ostdeutschen Betriebe noch einmal zusätzlich.

Für »das« bundesdeutsche Gesamtkapital wäre diese Entwicklung dann nicht unmittelbar gefährlich, wenn Ostdeutschland weiter Ausland bliebe. Arbeitslosigkeit und Kapitalvernichtung exportiert hat man ja auch früher schon als kapitalintensiver Produktivitätsprotz in andere, schwächere Länder, die dann sehen mußten, wie sie damit zurechtkamen. Jetzt aber ist das etwas ganz anderes, denn die DDR ist ja geschluckt und in die Reproduktionsstruktur des BRD-Gesamtkapitals einverleibt worden; die Siege auf dem ostdeutschen Binnenmarkt erscheinen daher in ihren Kosten und Folgen als Krisenmoment der BRD-Ökonomie selbst.

Dies zeigt sich vor allem daran, daß die Kaufkraft in DM, mit der die wunderbare Vereinigungskonjunktur geschürt wird, eben nicht produktiv erwirtschaftet worden ist, weder auf dem gesamtdeutschen Binnenmarkt noch gar auf den Exportmärkten. Diese Kaufkraft stammt aus der Umstellung der ostdeutschen Sparguthaben, aus den diversen (und kein Ende mehr nehmenden) Anschubfinanzierungen sowie aus den ausufernden Subventionen durchgeschleppter, aber nicht marktfähiger Betriebe unter Treuhand-Regie. Ein ganzer Prozentpunkt jener gefeierten 4,6 Prozent Wachstum in 1990 entstammt übrigens dem Konsum von Aus- und Übersiedlern sowie Asylanten, d.h. einer Kaufkraft, in die auch innerhalb der alten Bundesländer selbst ein hoher Prozentsatz unproduktiver staatlicher Transferleistungen eingegangen sein muß. Es handelt sich also letztlich um einen gewaltigen und schwer belastenden monetären Transfer innerhalb der Gesamt-BRD selbst durch den Staat. Dem einzelnen westdeutschen Betriebsmanager, dessen Firma durch Abräumen des ostdeutschen Marktes auf Kosten der dortigen Industrie momentan Reibach macht, kann (und muß) es natürlich herzlich egal sein, woher die Kaufkraft für seine Waren stammt. Aber für die Gesamtreproduktion des BRD-Kapitals, die den Staatskonsum einschließt, ist dies keineswegs egal. Auf dieser Ebene wird sich sehr schnell zeigen, daß diese wundersame Konjunktur aus dem eigenen Fleisch geschnitten wurde.

Was auf der Seite der Konsumgüterindustrie und des Handels der alten BRD als Plus erscheint, muß auf der Seite der Staatsfinanzen bzw. diverser anderer Träger-Institutionen als ebensolches Minus erscheinen, ein Minus jedoch, das nicht mit dem Plus auf der anderen Seite als Nullsummenspiel aufgeht (auch dann müßte die ganze schöne Vereinigungskonjunktur herausgerechnet werden), sondern das *verzinst* werden muß und als monetärer *overkill* auf die Gesamtreproduktion des BRD-Kapitals zurückschlagen könnte. Deswegen ist es auch unglaublich naiv, wie etwa der bayerische Finanzminister Gerold Tandler die erhöhten staatlichen Steuereinnahmen aus der unproduktiven Sekundärkonjunktur der Wiedervereinigung als Bewältigungskraft für die ostdeutsche Kostenlawine in Rechnung stellen zu wollen, da diese Einnahmen ja nur einen Bruchteil der vorher selbst aus den eigenen Portefeuilles unproduktiv transferierten Gelder ausmachen können. Der Baron Münchhausen hätte seine helle Freude an einer solchen Argumentation, die als Milchmädchenrechnung zu bezeichnen schon einer Beleidigung der Milchmädchen gleichkäme.

Die zyklus-untypische Vereinigungskonjunktur, die jetzt noch die BRD als »Insel der Seligen« erscheinen läßt, wird daher ein Ende mit Schrecken gleich in vierfacher Potenz nehmen. Erstens stößt sie rein immanent auf Grenzen, da der angestaute Nachholbedarf der ostdeutschen Konsumenten nicht weit trägt und die Kaufkraft durch Arbeitslosigkeit usw. zurückgeht bzw. zurückgehalten wird aus wachsender Zukunftsangst.

Zweitens muß der Rückschlag der explodierenden Staatsverschuldung und des Kreditsystems auf die Konjunktur kommen. Drittens wird die BRD dann auch unvermeidlich in den rezessiven Abschwung der Weltkonjunktur mit seinen schweren Krisenpotentialen im Westen selber eintauchen. Und viertens wird sich dann gerade die einseitige Ausrichtung auf das Abräumen des ostdeutschen Marktes als zusätzlicher Negativfaktor herausstellen, weil besonders in der Krise der Kampf um die Auslandsmärkte an Heftigkeit zunehmen muß, diese aber in einigen Bereichen sogar der ostdeutschen Zerstörungskonjunktur wegen vernachlässigt wurden; so hat der DDR-Effekt derartige Lieferengpässe erzeugt, daß ein Teil der sonst ins westliche Ausland abfließenden Güter abgefangen wurde über das Potential des dortigen Konjunkturabschwungs hinaus, was einer freiwilligen Preisgabe von Export-Marktpositionen gleichkommt. Gerade auf den OECD-Exportmärkten aber müßte das Geld verdient werden, mit dem das voreilige Jubelfest der Wiedervereinigung wenigstens zu einem Teil finanziert werden könnte. Jenes Ende, das nachkommt, wird also aller Wahrscheinlichkeit nach sehr dick werden: dicker als es die marktwirtschaftliche Vernunft erlaubt.

Das nationalökonomische Desaster
Die Krisenmechanik Gesamtdeutschlands

Es kann inzwischen nicht länger bestritten werden, daß die Wiedervereinigung ein ungeheures nationalökonomisches Krisenpotential aufgebaut hat, und zwar in erschreckend kurzer Zeit. Man kann die Misere gar nicht so schnell beschreiben und analysieren, wie sie real eintritt und die politische Klasse, die nicht an Entscheidungsdruck gegen die selbstläufige ökonomische Logik gewöhnt ist, bereits kopfscheu gemacht hat. Wenn die soeben erst unter dem Zeichen scheinpatriotischer Zwangseuphorie frischgewählte liberal-konservative Bundesregierung von der vermeintlichen Wunderwoge schon auf den Sand geschleudert worden ist und sich in hilflosem Gestammel und Fehleinschätzungsbekenntnissen übt, wenn der Marktapostel Graf Lambsdorff von der anstehenden »Wahl zwischen Pest und Cholera« spricht und die Opposition keinerlei stichhaltiges Gegenkonzept aufweisen kann, weil sie ja derselben Marktwirtschaftslogik verpflichtet ist, dann wird die Ausweglosigkeit der Wiedervereinigung innerhalb dieser Logik schneller als gedacht deutlich.

Sowenig eine exakte Prognose für die konkreten politischen und sozialökonomischen Verlaufsformen des nationalökonomischen Desasters möglich ist, die im einzelnen immer auch von den subjektiven Reaktionsformen der Beteiligten abhängig sein werden, so kann die Krisenmechanik Gesamtdeutschlands doch in ihren logischen Grundzügen aufgerollt werden. Das Zentrum dieser Mechanik bildet zweifellos die unausweichliche Verschuldungsexplosion, deren Urknall bereits die

Währungsunion vom 1. Juli 1990 war. Dieses Kernproblem trat keineswegs auf einem Nullniveau ins Leben. Schon seit den Kriegswirtschaften der Weltkriegsepoche hat sich in allen Ländern des warenproduzierenden Weltsystems die *Staatsschuld* zu einem über sämtliche frühere Epochen weit hinausgehenden Faktor der Nationalökonomien entwickelt und deren historische Schranken aufscheinen lassen.

Selbst die weltweite Prosperitäts- und spezifisch bundesdeutsche Wirtschaftswunderepoche nach dem 2. Weltkrieg konnte diesen Faktor nicht entscheidend zurückdrängen, und auch die ebenso weltweite monetaristische Wende nach dem Versagen der keynesianistischen Konjunktursteuerung ist mit diesem Moloch nicht fertiggeworden. Schon darin zeigt sich grundsätzlich das eigentliche *Marktversagen*, d.h. die Unmöglichkeit, mit der puren Logik des Geldes die menschlich-gesellschaftliche Reproduktion aufrechterhalten zu können, allen neoliberalen Ideologien zum Trotz als wesentliches Merkmal des Spätkapitalismus. Die Staatsschuld löst jedoch das Problem nicht, da sie sich ja von der Basislogik des Geldes nicht wirklich entkoppeln kann, sondern reproduziert es nur auf höherer Stufenleiter.

Von dieser Widerspruchspotenz aller modernen bürgerlichen Nationalökonomien (unter Einschluß der exrealsozialistischen) war auch seit langem diejenige der BRD geprägt; das Problem der staatlichen oder staatlich vermittelten Reproduktionskosten der Gesellschaft, die aus der reinen Marktbewegung herausfallen, hatte sich hier wie überall als unaufhaltsam wachsende Staatsschuld aufgestaut, wenn auch im Vergleich zu anderen Nationalökonomien nur im Mittelfeld dieses Belastungsprozesses aufgrund der eigenen lange Zeit komfortablen Weltmarktposition. Die Wiedervereinigung aber sattelt mit einem Schlag eine Verschuldungslast von Zusammenbruchsqualität auf.

Denn keineswegs erschöpft sich diese Last mit der ausgewiesenen zusätzlichen Netto-Kreditaufnahme der

Staatshaushalte (Bund, Länder und Gemeinden) für 1990 und 1991, obwohl auch diese bereits mit ca. 70 bzw. ca. 100 Milliarden DM (mit noch unbekannten Verschuldungsrisiken der neuen Bundesländer durch fehlende Steuereinnahmen) exorbitant ist und in früheren Zeiten der BRD vermutlich zum Regierungssturz geführt hätte. Hinzu kommt aber noch ein weitverzweigter semistaatlicher Verschuldungsuntergrund, der sich in zahlreichen Neben- und Schattenhaushalten bzw. ganz ausgelagerten Sonderfonds versteckt: so im »Fonds deutsche Einheit« beispielsweise, ausgelegt auf 115 Milliarden DM bis 1994, ebenso in den Subventions- und Unterstützungsgeldern sowie Bürgschaften und Zinszahlungen der Treuhand, in Kreditabwicklungs- und Entschädigungsfonds usw. Die indirekte und versteckte Belastung der öffentlichen Haushalte könnte der offiziellen Verschuldung nahekommen oder sie sogar übersteigen.

Das grundsätzliche Krisenpotential, das in dieser öffentlichen Verschuldungslawine lauert, läuft natürlich auf eine *Inflation* hinaus, möglicherweise sogar auf eine Hyperinflation, wenn durch den staatlichen Verschuldungsprozeß über längere Zeit hinweg eine gewaltige Ausdehnung von »unproduktivem Geld« stattfindet, d.h. von Geld, das nicht auf marktfähige betriebswirtschaftliche Vernutzung bezogen ist, sondern direkt im Staatskonsum aus dem kapitalistischen Reproduktionskreislauf verschwindet. Das geschieht immer dann, wenn der Staat über seine regulären Steuereinnahmen hinaus Gelder schöpft, um zusätzliche Ausgaben zu bewältigen; und in je größerem Maße dies geschieht, desto galoppierender wird auch die Inflation sich entwickeln.

Nahezu alle namhaften Fachleute hatten vor der Wirtschafts- und Währungsunion seit Anfang 1990 die damit verbundene Inflationsgefahr gesehen und davor gewarnt: »Wenn die Währungsunion noch in diesem Jahr kommt, werden die Ansprüche an die Finanzen der Bundesrepublik so steigen, daß es zu einer keineswegs kleinen Inflation kommen wird« (Fritz Neumark), so der

Nestor der deutschen Finanzwissenschaftler. Unter dem Druck politischer Prämissen, die ja immerhin auch Verfassungsrang besitzen, hat die Kohlsche Bundesregierung diese Warnungen in den Wind geschlagen. Wenn nun trotz der empirischen Krisenprozesse in Ostdeutschland darauf verwiesen wird, daß sich doch wenigstens die Inflationsgefahr nicht bestätigt habe, so gehört diese beruhigende Versicherung zu den Ammenmärchen der politischen Klasse, um das Volk in jenen Schlaf zu wiegen, aus dem es ein böses Erwachen geben wird. Denn schon ein VWL-Erstsemester könnte wissen, daß jeder Inflationierungsprozeß zwischen Ursache und Wirkung eine gewisse Inkubationszeit durchmacht, bis die Ausdehnung des unproduktiven Geldes auf die Preise voll durchschlägt; diese Inkubationszeit kann einige Jahre betragen.

Die Geschwindigkeit, mit der die Inflation durchschlägt, hängt von der Art der unproduktiven Geldbeschaffung des Staates ab, mit der er jene zusätzlichen Aufgaben finanziert, die nicht mehr durch eine reguläre Abschöpfung von produktivem Geld aus den realen Marktprozessen bewältigt werden können. Die einfachste und zugleich brutalste Möglichkeit wäre das Anwerfen der Notenpresse, d.h. die Geldbeschaffung dadurch, daß die staatliche Notenbank einfach mehr Geld drucken bzw. Buchgeld sozusagen aus dem Nichts entstehen läßt und dem Staat überweist. Diese Möglichkeit besteht insofern, als die staatliche Notenbank ja die letztendliche Geldschöpfungsinstanz der jeweiligen Nationalökonomie ist; und seit der Entkoppelung vom Goldstandard der Währungen, die nicht zufällig mit den Kriegswirtschaften der Weltkriegsepoche einherging, scheint hier auch keine objektiv stoffliche oder technische Grenze mehr zu bestehen, ohne daß allerdings die Objektivität der inflatorischen Wirkung damit aufgehoben wäre. Diese *direkte* unproduktive Geldschöpfungsmethode durch die Notenpresse ist auch der schnellste Weg zur Hyperinflation. Sie wird am ehesten dort angewendet, wo die

Notenbank am wenigsten unabhängig von der Regierung und die Lage des Staates verzweifelt ist; daß es sich um ein letztes monetäres Kamikaze-Unternehmen handelt, beweisen die Hyperinflationen in Lateinamerika und einigen ehemaligen Ostblockländern zur Genüge.

Nun ist zwar die Bundesbank von ihrer rechtlichen Situation her eine der vom Staat formell unabhängigsten Notenbanken (auch innerhalb der westlichen Welt) und hat auch stets betont, daß sie ihren gesetzlichen Stabilitätsauftrag einhalten will, notfalls sogar gegen die Regierungspolitik. Freilich müssen angesichts realer Zwangsverhältnisse auch in dieser Hinsicht Absicht und Ausführung nicht immer und nicht für ewig übereinstimmen, selbst wenn es sich dann um eine Verlaufsform des Nachgebens mit mehr oder weniger zähen Widerständen handelt. Tatsächlich hat die Bundesbank ihren entscheidenden Sündenfall mit der Zustimmung zur Währungsunion bereits hinter sich. Obwohl Bundesbankpräsident Pöhl in einer für die »treuhänderische Prosa« (J.K. Galbraith) von Notenbankern dramatischen Formulierung von einer Entscheidung des Bundeskanzlers sprach, die dieser »treffen zu müssen geglaubt« habe, stimmte er schließlich in (politischer) Loyalität doch zu, um anschließend seine Bankerseele Gott zu empfehlen.

Während sich ein Teil der traditionellen Linken den leider ernstgemeinten Scherz erlaubte, diesen Vorgang der Währungsunion als »finanzielle Abhängigkeit« der (damals staatlich noch existierenden) DDR und als deren Souveränitätsverlust zu definieren, als hätte es hier noch irgendetwas zu retten gegeben (bzw. als wäre überhaupt etwas Rettenswertes dagewesen), hatte umgekehrt mit diesem Schritt die BRD bereits im Prinzip die Kontrolle über ihr eigenes Geld verloren: nicht an eine andere bewußte Instanz, sondern an den damit programmierten Wucherungsprozeß des subjektlosen Geldes als solchen.

Obwohl die Bundesbank selber noch nicht unmittelbar zum Anwerfen der Notenpresse übergegangen ist, hat sie sich doch mit der Währungsumstellung zumindest indirekt und temporär bereits auf diese Art der Geldschöpfung eingelassen. Denn da die Ostmark als nicht-konvertible reine Binnenwährung international keinen Wert repräsentierte und mit der ökonomisch-monetären Einverleibung der DDR auf einen Schlag das im westlichen Sinne nicht marktfähige Produktionspotential der DDR auch binnenökonomisch für das nunmehr gesamtdeutsche Wirtschaftsgebiet entwertet wurde, kommt nahezu das gesamte Volumen der Geldumstellung einem Schub unproduktiver direkter Notenpresse-Geldschöpfung in DM gleich.

Dies umso mehr, als ja der bankrotte DDR-Staat bereits seit Jahren und ganz besonders noch einmal im Vorfeld von Währungsunion und Wiedervereinigung eine geradezu hemmungslose Geldschöpfung durch die Notenpresse betrieben und damit im Grunde eine nur administrativ durch bürokratisch festgelegte Preise zurückgestaute Hyperinflation erzeugt hatte, deren Potential nun von der Bundesbank in einem gewissen Umfang durch den je nach Sektor gestaffelten Umtausch (Löhne und Sparguthaben 1:1, Betriebsschulden 2:1 usw.) in einem gewissen Umfang übernommen wurde. Die mit rund 15 Prozent um einige Punkte mehr als erwartet schlagartig erhöhte DM-Geldmenge impliziert damit grundsätzlich eine entsprechende Verminderung sowohl des Außen- wie des Binnenwerts der DM, auch wenn diese besondere inflatorische Potenz ihres temporären Charakters wegen nicht sofort abgerufen wurde, sondern erst zusammen mit dem Inflationsgehalt des gesamten Wiedervereinigungsprozesses in Erscheinung treten wird.

Im weiteren Prozeß der unproduktiven Staatsverschuldung, mit dem auf Jahre und vorerst unabsehbare Zeit hinaus Ostdeutschland mühsam gefüttert werden muß, während seine eigenen Ressourcen der marktwirtschaftlich-kapitalistischen Logik zufolge schrittweise stillgelegt werden, wird sich die Bundesbank natürlich zunächst nicht wieder so schnell auf das gefährliche Anwerfen der Notenpresse als letztes Verzweiflungsmittel einlassen. Der Staat hat nun zwei weitere Möglichkeiten, sich zusätzliche Gelder zu beschaffen: Kreditaufnahme auf den Finanzmärkten als ganz normaler Nachfrager nach Geldkapital, der die entsprechenden Marktzinsen bezahlen muß – und/oder Steuererhöhungen.

Im Falle der Kreditbeschaffung muß also der Staat auf die nationalen Spargelder zurückgreifen, die im Geschäftsbanken- und Sparkassensystem konzentriert sind. Dies freilich kann nicht ohne Konsequenzen bleiben. Denn der Staat als Kreditnachfrager tritt damit in unmittelbare Konkurrenz zu den privaten und unternehmerischen Kreditnehmern. Das tut er ohnehin in jeder spätkapitalistischen Nationalökonomie in mehr oder minder großem Umfang und es handelt sich dabei also auch schon um einen »normalen« Belastungsfaktor; durch einen so schweren Verschuldungshammer wie die kreditäre Alimentierung Ostdeutschlands auf allen Ebenen aber kann der Staat als Nachfrage-Konkurrent die verfügbaren gesellschaftlichen Spargelder in einem derartigen Ausmaß absaugen, daß er den Kreditmechanismus der Marktwirtschaft abwürgt und damit eine große Konjunkturkrise heraufbeschwört.

Denn sobald bei einer nur im Maßstab der realen marktfähigen Reproduktion gesteigerten Geldmenge ein wachsender und überproportionaler Teil der Spargelder vom Staat abgeräumt wird, stehen diese Gelder dann logischerweise nicht mehr für Investitionen der Unternehmen und für Konsumausgaben der Privaten als Kreditmasse zur Verfügung. Zwar wird dann auch die Staatsnachfrage wieder in Form von Investitionen und Konsum erscheinen, etwa als Staatsaufträge an Unternehmen, als Löhne von deren Arbeitern sowie als Gehälter der Staatsbeschäftigten etc., aber erstens wurde diese Kaufkraft ja anderweitig weggenommen und zweitens muß der Staatskredit eben verzinst werden. Dies drückt sich dann für die Marktteilnehmer in doppelter

Weise aus. Zum einen wird, dem berühmten Gesetz von Angebot und Nachfrage entsprechend, bei gewaltig erhöhter Staatsnachfrage nach Kreditgeld in Konkurrenz zu den privaten Nachfragern der Marktpreis für die Ware Kredit steigen, d.h. die *Zinsen* werden sich erhöhen; dies bedeutet aber, daß sich die Kosten für Investitions- und Konsumkredite derart steigern, daß sie unerschwinglich werden bzw. sich nicht mehr lohnen. Es kann sogar bedeuten, daß verschuldete Unternehmen und Private, die auf Umschuldungen angewiesen sind (eine Erscheinung, die seit einiger Zeit in der Weltwirtschaft häufiger vorkommen soll), ihren monetären Geist aufgeben müssen.

Zum andern aber wird es, als Kehrseite derselben Medaille, für die Marktteilnehmer lohnender werden, ihr Geld auf den Finanzmärkten anzulegen, weil ja die Zinsen gestiegen sind. Was für den Kreditnehmer schmerzhaft wird, ist eben umgekehrt der Geschäftserfolg des Kreditgebers. Damit aber verschärft sich der konjunkturtötende Effekt der vermehrten staatlichen Kreditaufnahme, weil für diejenigen, die anlagebereites Geld haben, dieses viel vorteilhafter auf den Finanzmärkten als für produktive Investitionen angelegt werden kann. Eine besonders für das investitionshungrige und verschmachtende Ostdeutschland erst recht wieder katastrophale Konsequenz: »Welches Unternehmen wird schon von Herzen mit Schmerzen in der DDR investieren, wenn es am Kapitalmarkt für die bloße Geldanlage eine Rendite von neun Prozent verdienen kann?« (Hans Mundorf). Der Teufelskreis der Wiedervereinigung setzt sich also auf diese Weise fort: weil die Marktwirtschaft in Ostdeutschland aus den genannten Gründen nicht anspringen kann, muß der Staat gewaltige Kredite aufnehmen; weil der Staat dies aber tut (tun muß), springt nicht bloß die Ostkonjunktur erst recht nicht mehr an, sondern auch die westdeutsche säuft ab.

Nun gibt es die Möglichkeit, daß auch ohne direktes Anwerfen der Notenpresse die derart gefährlich in die

Zange genommene Geld- bzw. Kreditversorgung des Marktes über den realen produktiven Zuwachs hinaus expandieren kann. Das Geschäftsbankensystem besitzt nämlich, besonders seit jener Entkoppelung vom Goldstandard, eine gewisse eigene *Geldschöpfungskompetenz* in relativer Unabhängigkeit von der Notenbank, und zwar in Form der Buchgeldschöpfung; d.h. Kredite, mit denen per Überweisung Zahlungen geleistet werden, können danach wieder als Basis für andere Kredite genommen werden usw. Werden diesem Prozeß der Buchgeldschöpfung durch das kommerzielle Kreditsystem keine Grenzen gesetzt, dann kann auf diese Weise ebenfalls die Inflation erzeugt werden, wenn auch langsamer als bei einer direkten Notenpresseninflation. Und es ist leicht einzusehen, daß ein durch staatliche Übernachfrage unter Druck gesetztes Kreditsystem diesen Weg des geringsten Widerstands quasi automatisch einschlagen wird.

Damit freilich ist dann wieder die Notenbank gefragt, die zur Stabilisierung ihre Kontrollmechanismen und geldpolitischen Hebel einzusetzen hat, so das Mindestreservesystem und die Leitzinsen (Lombard- und Diskontsatz). Sie hat dabei jedoch bedauerlicherweise nur die Wahl zwischen Skylla und Charybdis, solange die staatliche Übernachfrage nach Geldkapital anhält. Fällt die Sorge um die tendenziell abgewürgte Konjunktur schwerer ins Gewicht, dann wird die Notenbank die Leitzinsen senken und/oder die Mindestreserven lockern, damit aber den inflatorischen Buchgeldschöpfungsprozeß des Geschäftsbankensystems anheizen. Auf diese Weise stellt sich logischerweise bloß zeitversetzt derselbe Inflationseffekt ein, wie er bei einer Notenpresseninflation direkt und sofort gegeben wäre.

Erfahrungsgemäß ist dies der Weg, den die Regierungen in einer solchen Lage bevorzugen, um Zeit zu gewinnen und den Kladderadatsch hinauszuschieben, auch wenn er dann umso sicherer eintritt. Dementsprechend werden gewöhnlich die Notenbanken unter Druck gesetzt, und wenn die Geldpolitik nichts mehr hilft, sogar dazu gedrängt, die Notenpresse anzuwerfen. Es hat noch keine Nationalbank gegeben, die nicht in solchen Situationen letztlich doch ihrer patriotischen Pflicht entsprochen hätte, die Verwandlung ihres eigenen Geldes in Papiermüll einzuleiten; und auch die Bundesbank hat den ersten Schritt zur Ruinierung ihres Rufes ja notgedrungen bereits getan.

Die Inflationsspirale beginnt sich dann immer schneller zu drehen: jeder Inflationsschub senkt die Kaufkraft der Masseneinkommen, bedroht von daher seinerseits die Konjunktur, während der notwendig folgende Kampf um Lohn- und Gehaltserhöhungen die Inflation weiter anheizt. Dies wird unvermeidlich wieder zum Ausgangspunkt einer ideologischen Schlacht, in der die volkswirtschaftlichen Märchenerzähler dann die berüchtigte Lohn-Preis-Spirale als vermeintliche Ursache der Inflation neu entdecken werden, obwohl der verschärfte Lohnkampf niemals die Ursache, sondern immer eine Folge der Inflation ist, die ihrerseits ihren Grund immer in einem überproportionalen staatlichen Geldkapitalbedarf hat, der durch Anwerfen der Notenpresse oder eben verstärkte Staatsnachfrage auf den Finanzmärkten gedeckt werden muß. Bei entsprechender Stärke der Faktoren kommt es in einem losgelassenen und heißlaufenden Inflationsprozeß irgendwann zum Kolbenfresser, d.h. die Konjunktur bricht nach einem kurzen und künstlichen Inflationshoch total zusammen, mit Massenarbeitslosigkeit, sozialen und politischen Unruhen usw.

War dies das Scheitern an der Skylla, so entspricht es der Charybdis-Option, daß die Notenbank angesichts der Inflationsgefahr hart bleibt, trotz der verstärkten Staatsnachfrage eine galoppierende Ausdehnung des Geldschöpfungsprozesses im Geschäftsbankensystem nicht zuläßt und also umgekehrt ihre Kontrollmechanismen verschärft, eine restriktive Geldpolitik betreibt und die Leitzinsen erhöht etc. Dieses *deflatorische* Gegensteuern zur Erhaltung der Geldwertstabilität aber, wie es etwa Reichskanzler Brüning in der Weimarer Republik betrieben hat, führt bekanntlich nur schneller und geradliniger zu demselben Endresultat: nämlich Konjunktur- und damit Kapitalvernichtung im großen Maßstab, Massenarbeitslosigkeit und politischer Destabilisierung.

Nicht besser steht es aber, wenn der Staat, um seine gefährliche Steigerung der Kreditnachfrage zu begrenzen, zum anderen Mittel der *Steuererhöhung* greift. Denn damit wird ja nur von einer anderen Seite her erst recht die Konjunktur abgewürgt, da dies nur eine andere und direktere Form ist, Gelder aus der Gesellschaft abzusaugen, die damit für private Investitionen und Konsum nicht mehr zur Verfügung stehen, also die marktfähige Produktion und damit den kapitalistischen Reproduktionsprozeß einschnüren. Obwohl und bevor sie diesen verzweifelten Schritt tun, ist dies den politischen Galionsfiguren auch immer bekannt: »Wir wollen keine Steuererhöhungen, die Gift für die Konjunktur, das wirtschaftliche Wachstum und die notwendigen Investitionen wären«, ließ Theo Waigel am 15.12.1990 noch vollmundig verlauten. Nur zwei Monate später konterkarierte der von allen Seiten der Steuerlüge bezichtigte »Umfaller«-Kanzler seinen Finanzminister mit den Worten: »Ich habe mich eben geirrt.« Aber die als »gigantischstes Ankurbelungsprogramm« in die Geschichte der BRD eingehenden Steuererhöhungen werden kaum die erhoffte Wirkung zeitigen, sondern vom schwarzen Loch der Ex-DDR verschluckt werden, ohne daß die zur Kasse gebetenen Bundesbürger daraus den geringsten Nutzen ziehen könnten.

Erst recht unglaubwürdig ist die Ankündigung von gewaltigen Einsparungen, um Kreditaufnahme und Steuererhöhungen im Zaum halten zu können. Die Staatsausgaben, auch die meisten Subventionen, beruhen auf objektiven Notwendigkeiten und Zwangslagen, und seien diese auch nur den Irrationalismen der Marktwirtschaft selbst geschuldet. Das Zusammenstreichen von

Staatsausgaben, etwa gar nach der von Möllemann favorisierten »Rasenmäher«-Methode, hätte nur neue Konflikte und Krisen zur Folge. So könnte etwa der geplante Abbau von Berlin- und Zonenrandförderung bis 1995, begründet mit dem Wegfall der teilungsbedingten Strukturschwächen, schon bald zum neuen Problemfall werden, weil eben die Marktwirtschaft im Osten nicht anspringt und die Strukturschwächen also trotz Wiedervereinigung weiterbestehen. Das Berliner Fördervolumen von 9,2 Milliarden DM kann ohnehin nicht aufgerechnet werden, weil das vereinigte Berlin neue Hilfen analog zu derjenigen für die fünf neuen Länder bekommt.

Auf diese Weise jedoch ist insgesamt prinzipiell und logisch eine ausweglose Konstellation abgesteckt. Damit keine Mißverständnisse aufkommen, muß es wiederholt werden: dies ist die Konstellation der spätkapitalistischen Nationalökonomien und des modernen Staates überhaupt, die aber bei relativ mäßiger Belastung auch in eine relativ moderate Verlaufsform übersetzt werden kann. Die logische Unhaltbarkeit zieht sich dann durch Streckung in die Länge, womöglich über Jahrzehnte hin (z.B. beim Strukturdilemma des Rentensystems, das auch zu dieser Konstellation gehört), bis dann doch einmal der Kollaps eintritt. Es kommt also auf die Stärke der Belastungsfaktoren an, in deren Zentrum die Staatsnachfrage steht. Mit der Wiedervereinigung wurde in die entsprechende Waagschale der nationalökonomischen Briefwaage aber ein schwerer Schützenpanzer geworfen, der die ganze Waage samt Tisch und Fundament unter sich begräbt.

Niemand trägt eigentlich die persönliche Schuld an diesem sich Zug um Zug vollstreckenden Desaster, es sei denn der sowieso als Königsopfer prädestinierte Kohl, für den ein ziemlich großes Kreuz gezimmert werden muß. Aber auch er hat ja nur nach dem vorgegebenen Vereinigungsgebot des Grundgesetzes gehandelt, und außerdem konnte er nichts für den Zusammenbruch der

DDR, deren fast schon senile Repräsentanten ihrerseits wieder vom blinden Weltmarktprozeß überrollt worden waren. Die Frage nach der Schuld setzt alternative Handlungsmöglichkeiten voraus, die jedoch im Bezugssystem der glorreichen Marktwirtschaft allesamt auf dasselbe niederschmetternde Ergebnis hinauslaufen. Statt aber zuzugeben, daß sich damit ein fundamentaler Strukturdefekt der Marktwirtschaft überhaupt auf dramatische Weise offenbart, wird genau diese sich aufdrängende Erkenntnis abgewehrt und von jedem Diskutanten ein immanentes Konzept gefordert, ein Lösungsvorschlag, obwohl es auf dem Boden des Marktsystems gar keinen seriösen mehr geben kann. Die vollkommene Blamage des Pragmatismus und des besonders bei Ex-Linken modisch gewordenen Realismus wirft ihre Schatten voraus.

Was immer die Regierung innerhalb ihres gesellschaftlichen Bezugssystems jetzt noch tun kann, es ist falsch. Die gewaltige Steigerung der Staatsnachfrage kann gar nicht mehr gestoppt werden, weil Ostdeutschland sonst sofort und total zusammenbricht. Und so sind auch die Konsequenzen nicht zu umgehen, in welcher Verlaufsform immer sie sich ausdrücken mögen. Unvermeidlich wird die Regierung einen brutalen Druck auf die Masseneinkommen in Gesamtdeutschland ausüben müssen, schmerzhaft bis zur Verarmung riesiger Bevölkerungsteile – dann auch im Westen. Ob die Kaufkraft durch Inflationsstöße dahinschmilzt oder durch Steueranhebungen abgeschöpft wird, bleibt sich dabei gleich (das eine schließt das andere nicht aus). Es ist kaum anzunehmen, daß dies nicht schwere soziale Erschütterungen hervorrufen wird, zumal gerade eine liberal-konservative Regierung instinktiv auf die ohnehin schon ärmeren Schichten der unteren Einkommenskategorien zuallererst losgehen wird. Die zerstörerische, krisenhafte Wirkung auf die Binnenkonjunktur der BRD freilich kann stets nur dieselbe sein, egal ob vorrangig Spitzenverdiener oder untere Masseneinkommen geschröpft werden.

Dieses Desaster baut sich unaufhaltsam Schritt für Schritt auf. Und wie zu erwarten war, haben Kohl, Waigel u.Co. bisher hauptsächlich mit ordinären ökonomischen Bauernfouls reagiert. Erst taten sie so, als wäre es mit einigen lächerlichen Anschubfinanzierungen getan und als könnte Ostdeutschland sich am eigenen Schopf aus dem Sumpf ziehen. Dann, als immer neue Finanzierungsanforderungen nicht mehr abgewiesen werden konnten, wollten sie u.a. für den Fonds »Deutsche Einheit« auf dem Kapitalmarkt Gelder zu unverschämt schlechten Konditionen locker machen, als hätten sie es nicht mit professionellen Anlagesphären, sondern mit billigen Haustürgeschäften zu tun, bei denen man Unbedarfte aufs Kreuz legen kann. Prompt blieben sie schon im September 1990 auf ihren Ausschreibungen sitzen und mußten blamablerweise dann mit eingezogenem Schwanz die Konditionen verbessern.

Seither hat sich langsam aber sicher das Zinsniveau, ohnehin weltweit ein hohes, weiter nach oben geschraubt, obwohl die wahren Ausmaße des Kreditbedarfs erst langsam aus dem Nebel der politischen Verschleierungskünste hervortreten. Und ausgerechnet in dieser Situation kündigen Kohl und Waigel samt Companie auch noch Steuererhöhungen an, obwohl sie vor der Vereinigungswahl Stein und Bein geschworen hatten, dies werde auf keinen Fall geschehen: zu allem Überfluß auch noch mit der Begründung, dies sei nicht etwa der Vereinigungskosten wegen, sondern für die Unterstützung des US-Interventionskrieges am Golf notwendig. Abgesehen davon, daß sich der krisenträchtige Effekt dadurch nicht verringert und die etwas windige Begründung nicht mal *Bild* mehr glaubt, so ist die unbeholfene und billige Ausrede immerhin wert, ins Guinness-Buch der Rekorde aufgenommen zu werden.

Das Bild rundet sich ab, seitdem die Bundesbank Anfang 1991 die Leitzinsen erhöht hat. Alle Indikatoren für ein Abwürgen der gesamten Binnenkonjunktur sind damit gegeben. Schon beginnt die Baukonjunktur einzubrechen, weil die Hypothekenzinsen in die Höhe schnellen. Der Verband Deutscher Hypothekenbanken sah im Januar 1991 »die kritische Schwelle längst als erreicht an«, und nicht zu Unrecht, denn im Bundesdurchschnitt müssen für Eigenheime von den Familien schon 40 Prozent ihres Einkommens verwendet werden. Die große Pleitewelle der Häuslebauer wird erst noch kommen, wenn in den nächsten Jahren große Mengen von langfristigen Zinsverträgen auslaufen, die noch in einer relativen Niedrigzinsphase abgeschlossen worden waren. Dies könnte der Auftakt zu einer großen Krise mit Massenarbeitslosigkeit im *gesamten* BRD-Wirtschaftsgebiet werden, wenn dann auch die Münchhausen-Scheinkonjunktur des subventionierten ostdeutschen Konsums ihren Geist aufgibt.

Das gemeinsame Haus brennt
Deutsche Vereinigungskrise und Weltwirtschaft

Es kann nicht ausbleiben, daß das Binnendesaster der deutschen Wiedervereinigung sich einerseits in die außenwirtschaftlichen bzw. außenpolitischen Beziehungen der BRD übersetzt und andererseits die weltwirtschaftliche Gesamtsituation auf den deutschen Wiedervereinigungsprozeß zurückschlägt. Auf den ersten Blick könnte es so erscheinen, als handelte es sich beim Zurückfahren der Handelsbilanzüberschüsse, bei der monetären Binnenbelastung, der Konzentration auf den gesamtdeutschen Binnenmarkt und überhaupt auf nationale Belange um einen ganz verständlichen und quasi natürlichen Vorgang, wie er nun einmal mit dem historischen Ereignis der Wiedervereinigung einhergeht und vom Ausland »verstanden werden« muß, wobei die Belastungen in erster Linie eine deutsche Angelegenheit bleiben und eben den deutschen Exportreichtum etwas vermindern zugunsten unerläßlicher Aufgaben im eigenen Hause.

Diese Betrachtung, die sich im Rahmen einer familiären Eigenheim- und Nachbarschaftsmetaphorik bewegt, hat jedoch mit der Realität des bundesdeutschen Weltmarktbezugs nicht das geringste zu schaffen. Auf eine allerdings verniedlichende und verharmlosende Art bezeichnet die Gorbatschow'sche Rede vom »gemeinsamen Haus« schon eher die Tatsache, daß wir es heute gar nicht mehr mit bloß nationalen Gesellschaften und Nationalökonomien zu tun haben, sondern mit einer *Weltgesellschaft* und *Weltökonomie* in einem einzigen, als Gesamtsystem zu begreifenden und durch zahllose

Rückkoppelungen auf allen Ebenen gekennzeichneten Gesamtzusammenhang. Der Weltmarkt nach 1945 ist nicht mehr derselbe wie vorher; und die von Tucholsky in seinem ironischen Abriß der Ökonomie apostrophierte Sentenz, von der Weltwirtschaft gelte, daß sie verflochten sei, ist erst heute in einem buchstäblichen und unmittelbaren Sinne wahr geworden. Freilich wäre es ein weit treffenderes Bild, die darin angelegte globale Gemeinsamkeit als diejenige eines ökonomischen *Schlachtfeldes* zu bezeichnen, und zwar nicht mehr wie früher eines partikularen, sondern eines totalen. Der totale Krieg in der ersten Hälfte des 20. Jahrhunderts hatte auch die Funktion, den heute geschaffenen totalen Weltmarkt vorzubereiten.

Aus dieser Sicht ist die Wiedervereinigung sowohl in ihren Ursachen wie in ihren Wirkungen ein unmittelbar weltgesellschaftliches Ereignis und kann gar nicht in den deutschen Binnenraum zurückgenommen werden. Die BRD ist nicht bloß äußerlich ein Weltmarktgewinner, sondern dadurch eben auch mit Haut und Haar ein weltökonomisches Moment und Teilorgan eines größeren Ganzen geworden. Der in Jahrzehnten aufgebaute und in den 80er Jahren noch einmal eskalierende Exporterfolg hat die BRD nicht nur extern von diesen Märkten abhängig gemacht, sondern sie auch in einen doppelten inneren Bezug dazu gesetzt: einerseits wurde die gesamte innere Reproduktionsstruktur in immer größeren Segmenten danach ausgerichtet und davon durchdrungen, andererseits erscheint das BRD-Kapital auch selber in zunehmendem Maße als inneres Moment anderer Nationalökonomien und deren Reproduktion, ist also mit diesen nicht bloß auf der mechanischen Export-Import-Schiene verbunden.

Dieser gegenseitige innere Bezug ist nicht allein positiv, sondern gleichzeitig auch negativ vermittelt: der Exporterfolg der BRD (wie andererseits auch derjenige Japans) war gleichzeitig der Mißerfolg anderer Regionen innerhalb der einen Weltökonomie. Der sukzessive Aufbau dieser negativen Verflechtung läßt sich zunächst als quantitatives Wachstum der Außenhandelsüberschüsse darstellen. Noch in den 50er und 60er Jahren war der Export eher ein Treibsatz des Wirtschaftswunders, d.h. äußerlich auf die noch relativ stark binnenökonomisch fundierte Reproduktion aufgesattelt, die mit Hilfe des Exporterfolgs von einem sehr niedrigen Ausgangsniveau aus rasch aufsteigen konnte. In den 70er Jahren war der Export schon zu einem tiefgestaffelten System der inneren Reproduktion ausgebaut, aber die Überschüsse fluktuierten noch stark und betrugen im Durchschnitt des Dezenniums dennoch bereits ca. 30 Milliarden DM pro Jahr. Nachdem die weltwirtschaftliche Rezession Anfang der 80er Jahre auch den Export der BRD hatte einbrechen lassen, auf immer noch 9 Milliarden DM Überschuß, stieg das Plus im Außenhandel seit 1983 mit jenen schon erwähnten immer neuen Rekordzahlen auf einen Schnitt von geradezu phantastischen 100 Milliarden DM an. Der Kulminationspunkt lag 1989 bei 134,5 Milliarden DM.

Entscheidend ist nun aber, was mit dem *Erlös* dieser Überschüsse geschah und wie sich in dieser Hinsicht eine Strukturveränderung durchsetzte, die als Teilmoment jener Herausbildung einer unmittelbaren Weltökonomie betrachtet werden muß. In der Frühmoderne hatte der Merkantilismus Handelsüberschüsse als erstrebenswert angesehen, um Goldreichtum im eigenen Lande anzuhäufen und damit Rüstung, Luxuskonsum und Investitionen zu finanzieren; später wurden solche Überschüsse eher negativ als krisengefährliche Ungleichgewichte betrachtet, die abzubauen wären. Die Exporterfolge der BRD hatten in den 50er und 60er Jahren wohl auch eher den Effekt, eigene Investitionen und den Wiederaufbau sowie den Sozialstaat der aufsteigenden Weltmarktdemokratie mitzufinanzieren. Aber mehr und mehr flossen die Überschußerlöse auch als *Kapitalexport* (am frühzeitigsten in Gestalt der erwähnten VW-Produktionsstätten auf externen Absatzmärkten) vor allem ins westliche Ausland ab, das seinerseits Geldkapital in der aufstrebenden BRD anlegte.

War diese internationale Verzahnung der Kapitalien (im Unterschied zur bloß äußerlichen Export-Import-Beziehung des Warenverkehrs) schon zu Beginn des 20. Jahrhunderts als neue Erscheinung registriert worden, etwa in den diversen Imperialismusanalysen (z.B. Lenins), so entwickelte sie sich jetzt erst unter dem Dach der *Pax Americana* zu voller Blüte und zu einem vorher nie für möglich gehaltenen Umfang; nicht nur in Gestalt der multinationalen Konzerne (Multis), sondern auch durch vielfältige internationale Beteiligungsformen, Finanzmarktgeschäfte und Kreditbeziehungen. Die Finanzmärkte internationalisierten sich unmittelbar (vor allem in Form der Eurogeldmärkte) und entzogen sich so teilweise den Kontrollmechanismen der nationalen Notenbanken.

Das Negative und Gefährliche dieser an sich erfreulichen Entwicklung zu einer unmittelbaren Weltgesellschaft bestand jedoch darin, daß sie zunehmend *einseitig* wurde, d.h. immer stärker zu Lasten einzelner Länder ging, während andere sich als Aufsteiger feiern konnten. Auch auf dieser Metaebene der internationalen ökonomischen Verflechtung begann sich das prinzipielle und krisenträchtige Strukturdefizit der marktwirtschaftlichen Vergesellschaftungsform zu zeigen, das schon in der zunehmenden globalen Staatsverschuldung zum Ausdruck gekommen war. Die *innere* Verschuldung der Staatsapparate, die immer stärker auf die Ersparnisse der eigenen Bevölkerung zurückgreifen mußten und damit in Konkurrenz zu den Kapitalinvestitionen und zum privaten Konsum traten, reproduzierte sich auf höherer Ebene als *äußere* Verschuldung von immer mehr Nationalökonomien, und zwar sowohl seitens des Staates als auch der Unternehmen. Dramatisch spitzte sich dieser internationale Verschuldungsprozeß in den 80er Jahren zu: bekanntermaßen in der bis heute völlig ungelösten Schuldenkrise der 3. Welt, aber auch in der Außenverschuldung des gesamten Ostblocks, vieler westeuropäischer Länder und vor allem der USA, auf denen heute die mit Abstand größte Außenverschuldung der Welt lastet.

Diese negative und gefährliche Tendenz der internationalen Kapitalverflechtung läßt sich an der Handels- und Kapitalbilanz der BRD deutlich ablesen. Je größer die Handelsüberschüsse der BRD wurden, desto mehr waren sie Ausdruck eines krisenhaften äußeren Verschuldungsprozesses anderer Länder. Dies zeigte sich als reziprokes Verhältnis von Handels- und Kapitalbilanz der BRD mit dem Ausland: je positiver erstere wurde, desto negativer wurde letztere. Mit anderen Worten: immer schneller flossen die Erlöse der Handelsüberschüsse ebenso einseitig als Geldkapital und Kredit ins Ausland ab und wurden dort als Schuldenberg angehäuft.

Noch in den 70er Jahren war die Kapitalbilanz starken Fluktuationen ausgesetzt gewesen, blieb im Schnitt der Jahre von 1970 bis 1982 jedoch mit 1,7 Milliarden DM noch positiv, d.h. die BRD hatte mehr Zu- als Abfluß von Geldkapital zu verzeichnen. Im Verlauf der 80er Jahre wurde die Kapitalbilanz jedoch komplementär zu den immer neuen Exportrekorden im Warenverkehr in einem geradezu wahnwitzigen Tempo und Ausmaß negativ: von 1983 bis 1987 stieg das Kapitalbilanzdefizit im Schnitt auf 50 Milliarden DM, bis 1989 war es bei über 100 Milliarden DM angelangt.

Das Ausland, gerade auch die westlichen Industrieländer als hauptsächliche Absatzmärkte der BRD-Exportmaschine, verschuldete sich also auf vielfältige Weise immer stärker gegenüber der BRD und wurde folglich immer abhängiger vom bundesdeutschen Geldzufluß, damit aber indirekt auch von den bundesdeutschen Exportüberschüssen: eine paradoxe und auf Dauer unhaltbare Konstellation, die sich nur in einer großen Krise auflösen kann (vor allem, wenn man dazu auch die ganz analoge Stellung berücksichtigt, die Japan in einem noch viel stärkeren Ausmaß in der Weltökonomie einnimmt). Innerhalb von nur fünf Jahren verfünffachte sich bis 1989 das BRD-Nettoauslandsvermögen. Ein großer Teil entfiel auf Forderungen aus Warenkrediten an ausländische Handelspartner, stand also direkt in Verbindung mit der Exportwalze. Aber auch bei den Direktinvestitionen (Unternehmensbeteiligungen etc.) im Ausland wurde die BRD aus einem Nettoschuldner, der sie noch bis Mitte der 70er Jahre gewesen war, zu einem Nettogläubiger, und zwar schon seit 1980. Ende 1985 war das Auslandsvermögen westdeutscher Firmen bereits um ein Drittel höher als das ausländische Betriebskapital in der BRD, seither hat sich der Nettostrom bundesdeutscher Direktinvestitionen unaufhaltsam weiter gesteigert bis zum Rekordjahr 1989. Dasselbe Bild ergibt sich bei den internationalen Ausleihungen: die BRD-Kreditinstitute haben dabei ihren globalen Marktanteil zwischen 1983 und 1988 von 6,5 auf 7,7 Prozent erhöht und liegen damit hinter Japan an zweiter Stelle.

Nicht nur binnenökonomisch, sondern auch weltökonomisch haben aber Schulden das Unangenehme an sich, daß sie verzinst werden müssen, und so drehte sich das internationale Verschuldungskarussell schon seit Mitte 1990 immer langsamer und mühsamer. Der EG-Binnenmarkt 1992 wird auf eine Krisensituation mit bis aufs Messer verschärfter Konkurrenz treffen, von der wie gezeigt auch die binnenökonomischen Dienstleistungs- und Zulieferbranchen der BRD-Exportriesen schwer getroffen werden. Da die seit Ende 1990 zurückgehende Weltkonjunktur, die ja in den USA und Großbritannien bereits das Rezessionsstadium erreicht hat, aber eben nicht bloß eine zyklische Reaktion darstellt wie noch Mitte der 70er und Anfang der 80er Jahre, sondern als hochverschuldete Konjunktur im nationalen wie internationalen Maßstab Ausdruck einer tiefgehenden Strukturkrise ist, könnte sie auch in eine Weltwirtschaftskrise bisher nicht gekannten Ausmaßes münden und sogar die Jahre von 1929 bis 1933 in den Schatten stellen.

Diese globale Krisenpotenz ist also schon bis zum Platzen herangereift, auch ohne daß und noch bevor die deutsche Wiedervereinigungskrise in ihren Außenwirkungen eingerechnet wird. Dies haben ja auch die schweren Exporteinbrüche in 1990 gezeigt, die nur durch die binnendeutsche Münchhausenkonjunktur eines im Megamaßstab subventionierten ostdeutschen Konsums vorübergehend übertüncht wurden. Jetzt aber fallen auch noch die gewaltigen Kosten der Wiedervereinigung, die unermeßliches Geldkapital verschlingen werden, in die internationale Krisenwaagschale. Wie die Wiedervereinigung bereits selber vom weltökonomischen Prozeß bedingt und ein Moment von dessen Gesamtkrise war, indem die DDR niederkonkurriert wurde und sich selbst aufgeben mußte, so schlägt sie nun als zusätzliches und schweres Krisengewicht auf diesen Gesamtprozeß zurück.

Als geradezu naiv bzw. dummstellerisch muß es erscheinen, wenn etwa der BRD-Altkeynesianer und frühere Doppelminister Schiller ebenso wie Bundesbankpräsident Pöhl in aller Gemütsruhe auf die Erlöse aus den westdeutschen Exportüberschüssen als locker zu handhabende Finanzquelle für die Wiedervereinigungskosten verwiesen haben. Erstens fließt dieses Geld eben nicht als privates Investitionskapital von selber nach Ostdeutschland um, sondern muß erst vom Staat dafür geliehen werden und ist also schon zinsbelastet, bevor irgendetwas Praktisches damit finanziert werden kann. Zweitens ist diese Quelle ja in der rückläufigen und teilweise sogar rezessiven Weltkonjunktur seit 1990 am Vertrocknen, es fließen also kaum noch neue Überschußerlöse nach. Drittens und vor allem aber ist dieses bis jetzt (und in rapide kleinerem Ausmaß in Zukunft) im Ausland aufgehäufte und angelegte Geldkapital kein deutsches, das sich patriotisch verhalten würde oder auch nur könnte, sondern *seinem Wesen nach* und irreversibel *internationalisiertes* Kapital. Das heißt, es kann nur bei Strafe von schweren Krisenkonsequenzen nach Ostdeutschland umgeleitet werden.

Denn die verschuldeten Nationalökonomien sind ja darauf angewiesen, daß ihnen weiterhin Geldkapital zufließt. Natürlich wäre dieser absurde Prozeß ohnehin nicht ad infinitum zu verlängern gewesen; nun aber wird er seitens der BRD durch die Wiedervereinigungskosten abrupt abgebrochen. Aus dem ebenso fragilen wie riesenhaften Gebäude (oder besser Kartenhaus) des globalen Kreditüberbaus wird damit ein erheblicher Teil des Fundaments herausgerissen. Dies hat auf jeden Fall die Konsequenz, daß das vom BRD-Staat angesaugte und kapital-unproduktiv umgeleitete Geldkapital, da es ja nicht zweimal zur Verfügung steht, dann nicht mehr für Warenkredite an ausländische Handelspartner verwendet werden kann, ebensowenig für Direktinvestitionen im Ausland, erst recht nicht für ausländische Staatsanleihen (z.B. der USA).

Damit aber wird in diesen Ländern die ohnehin rezessive Konjunktur weiter bedroht und eingeschnürt, die Verschuldungskrise spitzt sich weiter zu, die Exporte der BRD gehen weiter zurück usw. Mit einem Wort: ein Eskalationsprozeß der Weltmarktkrise wird in Gang gesetzt, der dann erst recht wieder auf die Wiedervereinigungskrise zurückwirkt und auch auf dieser Ebene zur Eskalation führt. Es ist deshalb ein ziemlich dünner Witz, wenn die Bundesregierung sich ein Selbstlob als angebliche Konjunkturlokomotive spendet, weil ein Rückgang der deutschen Handelsüberschüsse zu beobachten ist. Teilweise ist dies eben nicht einfach ein begrüßenswerter »Abbau der Ungleichgewichte«, sondern bereits der beginnenden Weltrezession geschuldet. Soweit aber wirklich seit Mitte 1990 die Importströme in die BRD, vor allem aus der EG, in einem gewissen Ausmaß zugenommen haben, während gleichzeitig die Exporte zurückgingen, ist dies eine bloß vorübergehende Erscheinung der geschilderten binnendeutschen Münchhausenkonjunktur. Diese wird aber schon mit genau dem Geld bezahlt, das dann für internationale Ausleihungen und anderen Kapitalexport nicht mehr zur Verfügung steht. Nicht bloß binnenökonomisch für die BRD, sondern auch weltökonomisch und besonders für die EG-Partner wird es also aus dieser Münchhausenscheinkonjunktur ein böses Erwachen geben, wenn die vermeintliche Konjunkturlokomotive entgleist.

Auch auf der internationalen Ebene ist es der Zinsfuß, der als Mechanismus der Krise erscheint und diese in ihrem Eskalationsprozeß weitervermittelt. Sogar schon ohne die spezifisch deutsche Problematik stecken die Wirtschafts- und Geldpolitiken der Regierungen und nationalen Notenbanken bei den Defizit- und Rezessionsländern in einem tiefen Dilemma. Einerseits verlangt die teilweise dramatisch zurückgehende Konjunktur eine rasche Senkung des Zinssatzes, um die Liquiditätsschwierigkeiten aufzufangen und Investitionen sowie Konsumkredite zu erleichtern. Andererseits aber hat die weltweite nationale und internationale Verschuldung der Staaten, Unternehmen und Privaten die Nachfrage nach Geldkapital gewaltig gesteigert und also die Zinsen unaufhaltsam nach oben getrieben.

Trotz der wachsenden Konjunkturnöte ist es also fast unmöglich, vom historisch hohen Realzinsniveau wirklich in dem Maße herunterzukommen, wie es nötig wäre. Unter den Bedingungen einer Überschuldung auf allen Ebenen aber der Konjunktur zuliebe die Leitzinsen senken und das Zinsniveau gewaltsam herunterprügeln, das heißt praktisch die Stabilitätspolitik aufgeben, Liquidität um jeden Preis in die Wirtschaft pumpen und also jene andere Krisenoption zu eröffnen, die in einem Anheizen der *Inflationierung* besteht.

Binnenökonomisch wird auch die BRD nach dem baldigen Ende der Münchhausenkonjunktur vor diesem Dilemma stehen, das jetzt schon sämtliche westlichen Defizitökonomien kennzeichnet. Logischerweise ist dieses Dilemma besonders ausweglos für die Länder mit hoher Außenverschuldung, da diese ja nur durch einen höheren Zinsfuß als anderswo das nötige Auslandskapital anlocken und sich somit eine (dennoch bereits vorhandene) Konjunkturschwäche oder gar Rezession eigentlich überhaupt nicht leisten können.

In dieser Situation nun paßt es für die fragilen internationalen Zinsverhältnisse wie die Faust aufs Auge, daß der BRD-Staat plötzlich durch extrem hohe Belastung der Finanzmärkte die Geldströme umlenkt, dafür einen hohen Zins bieten muß und die Bundesbank obendrein die Leitzinsen erhöht. Die mühsamen Zinssenkungsversuche in den konjunkturschwachen und Rezessionsländern werden damit auf brutalste Weise konterkariert und praktisch wirkungslos gemacht. Denn statt brav die eigene Konjunktur wieder anzukurbeln, wird sich das internationalisierte Geldkapital natürlich dorthin wenden, wo ihm konträr zu den anderen Finanzmärkten zyklus-inkonform trotzdem und immer noch ein hoher Zins geboten wird. Warum sollen private wie institutionelle Geldanleger und die Banken selber Geld an konjunkturell notleidende Industrien in den USA, Großbritannien oder Italien verleihen, wenn sie es zu viel günstigeren Zinssätzen an den BRD-Staat bzw. die diversen deutschen Vereinigungsfonds verleihen können?

Diese Sachlage hat bereits Ende 1990 zu einer halsbrecherischen Kehrtwende im langfristigen Kapitalverkehr der BRD mit dem Ausland geführt: während die Jahres-Abflußbilanz sich dadurch auf 62,55 Milliarden DM verminderte, gab es im November mit 6,1 Milliarden DM und im Dezember mit 2,5 Milliarden DM bereits erhebliche *Nettozuflüsse*.

Auf diese Weise werden aber nicht nur frühere deutsche Überschußerlöse zurückgerufen, sondern auch (und in umso höherem Maße, wie diese Überschüsse versiegen) ausländisches und natürlich gleichfalls internationalisiertes Geldkapital angesaugt. Statt also wie bisher am Tropf der in Geldform zurücktransferierten deutschen Exportüberschüsse hängen zu können, wird daher den Defizitökonomien nunmehr von den Deutschen auch noch deren eigenes monetäres Blut abgezapft. Und statt die eigene Konjunktur wieder anzukurbeln oder die eigenen Staatsdefizite zu decken, macht sich die durch Zinssenkung geschaffene Liquidität auf und davon, in die wunderbare BRD. Und das ist auch durchaus beabsichtigt und wird ganz offen angestrebt. So will etwa der Telekom-Sektor der Deutschen Bundespost zur Finanzierung seiner Investitionen in Ostdeutschland Fremdwährungsanleihen von 5 bis 6 Milliarden DM aufnehmen, ausdrücklich um den deutschen Kapitalmarkt zu entlasten.

Praktisch heißt dies natürlich nichts anderes, als daß die BRD ihr binnenökonomisches Desaster der Wiedervereinigung nach außen verlagert und zunächst auf die übrige Welt und besonders die westlichen Partner abzuwälzen versucht. Wie dies aussieht, hat die Wirkung der jüngsten Leitzinserhöhung durch die Bundesbank Anfang Februar 1991 gezeigt. Normalerweise müßte dieses Signal auch die Marktzinsen nach oben treiben. Zur Verblüffung selbst vieler Fachleute trat jedoch diesmal das genaue Gegenteil ein: die Kredit-Marktzinsen in der BRD sanken. Des Rätsels Lösung ist einfach: das in Massen hereinströmende ausländische Geldkapital, angelockt durch das im Verhältnis zur Weltkonjunktur zyklus-inkonforme Zinssignal der Bundesbank, erzeugte zumindest temporär ein *Überangebot* von Geldkapital auf dem Kapitalmarkt der BRD und drückte dadurch, dem Gesetz von Angebot und Nachfrage folgend, die Marktzinsen der BRD etwas nach unten. Dieses Überangebot rührt daher, daß das hereinströmende ausländische Geldkapital gar nicht so schnell absorbiert werden konnte und der BRD-Staat sich nur langsam und von der Not gestoßen zu immer höheren Kreditaufnahmen durchringt. Damit aber verminderte sich auch vorerst der Druck auf die deutsche Baukonjunktur ein wenig, weil natürlich auch die Hypothekenzinsen zurückgingen.

Scheinbar zieht die BRD damit den Kopf aus der Schlinge, indem sie die anderen Länder an ihrer Stelle bluten läßt. Es wäre ja auch zu schön: ein ständiger Zinsabstand zu den übrigen Ökonomien läßt das Auslandskapital zuströmen, das eigene Marktzinsniveau wird aber trotzdem nicht in allzu krisenhafte Höhen getrieben, weil die anderen eben der Konjunkturschwächen wegen keine Hochzinskonkurrenz mehr durchzuhalten vermögen. Die Deutschen können aus dem Überangebot des ausländischen Geldkapitals, das um Anlage fleht, in aller Ruhe das nehmen, was sie brauchen; die binnendeutsche Münchhausenkonjunktur wird mit ausländischer Kapitalhilfe erst einmal verlängert und darf munter weitersprudeln.

Bloß mit der Konjunkturlokomotive ist es Essig, weil natürlich die weitergeheizte deutsche Subventionskonjunktur und der davon ausgelöste Importsog bei weitem überkompensiert werden durch den globalen Konjunktureinbruch und die globale Verschuldungsproblematik. Die Weltrezession kann dadurch nicht aufgehalten werden, und indem sie auf das bisherige Exportland BRD zurückschlägt, wird auch der vermeintlich so schlaue Kompensationsmechanismus erstickt. Die BRD kann gar nicht mit dem Zinshebel zu Lasten anderer aus der Bredouille kommen, weil ihre tiefgehende und in Jahrzehnten aufgebaute Exportstruktur gerade dadurch selber zerstört wird und sie sich somit die eigenen Beine wegschlägt. Ein »Schachzug, wie er genialer nicht sein könnte« (Klaus Wonneberger) ist also das Manöver der Bundesbank nicht gerade, schon viel eher »ein schweres weltwirtschaftliches Foul« (Wilhelm Hankel) und letztlich ein Schuß, der nach hinten losgehen wird.

Die andere Frage ist, wie die EG-Partner, die USA und die übrige Welt auf dieses Foul reagieren werden, wenn sie merken, daß sie dadurch die Zeche der deutschen Wiedervereinigung bezahlen sollen. Über das Europäische Währungssystem (EWS) sind die übrigen EG-Länder und mittlerweile auch Großbritannien praktisch zwangsweise an die deutsche Geldpolitik gekettet. Solange die DM des Exportweltmeisters der Stabilitätsfaktor dieses Systems war, gab es dabei keine tiefgehenden Konflikte und sogar die störrischen Briten konnten (erst 1990) integriert werden. Jetzt aber wird die BRD selber zum Unsicherheitsfaktor des EWS. Durch den Verbund nähern sich die anderen EWS-Währungen aufgrund der zyklus-inkonformen deutschen Hochzinspolitik und Geldabsaugung gefährlich den unteren Interventionspunkten. Die EG-Partner der BRD müßten also zur Stabilisierung ihrer Währung die Zinsen erhöhen und damit umso heftiger ins Messer der Rezession laufen.

Die Briten können dann erst recht nicht von ihrem extrem hohen Zinssatz herunter; den Italienern fließt das Geld davon, das sie dringend zur Finanzierung ihres abnorm hohen Staatsdefizits benötigen; und sogar die Franzosen müssen gegen den Abwertungsdruck kämpfen, obwohl sie konjunkturell noch bei weitem nicht so stark geschädigt sind wie andere Länder. Die Bundesbank könnte mit ihrem Zinsspielchen also binnen kurzem das EWS schwer erschüttern, den europäischen Einigungsprozeß unter dramatischen politischen Konflikten stoppen und die gemeinsame Europa-Währung bzw. eine europäische Notenbank zur Aussichtslosigkeit verdammen: nur um dann doch über den rezessiven Einbruch die Kosten des Wiedervereinigungsdesasters wieder re-importieren zu müssen.

Vor allem aber gerät die BRD dadurch unvermeidlich in einen heftigen Konflikt mit den USA, in deren geldpolitische Fußstapfen sie tritt. Denn was sie jetzt macht, ist praktisch eine Wiederholung der Reaganomics in den 80er Jahren, als die USA mangels eigener Ersparnisse durch Hochzinspolitik das Geldkapital der ganzen Welt wie ein Staubsauger ansog, sich dadurch binnen weniger Jahre jene gigantische Außenverschuldung aufhalste und damit das Totrüsten der Sowjetunion finanzierte, also dieses riesige Geldkapital unproduktiv für einen illusionären Sternenkrieg verpulverte, der nachträglich und ersatzweise in der arabischen Wüste geführt wurde. Durch diese aberwitzige Politik stieg der Dollarkurs zeitweise in ebenso schwindelnde Höhen, wie er inzwischen in ein absolutes historisches Tief gestürzt ist.

Denn auf die Reagan-Phase folgt unvermeidlich die Bush-Phase, in der sich langsam aber unaufhaltsam der payday für die vorherigen Exzesse nähert. Die USA würgen jetzt an ihren inneren und äußeren Defiziten, während sie sich in eine gefährliche Rezession hineinbewegen. Noch viel weniger als die EG-Länder können sie es ertragen, daß ausgerechnet in dieser Situation die BRD eine Reagan-Phase eröffnet. Schon Ende 1990 waren die deutschen Kapitalmarktzinsen bis zu 3 Prozent höher als die amerikanischen; diese Situation hat sich durch die Leitzinserhöhung der Bundesbank im Februar 1991 noch erheblich verschärft, weil die USA fast gleichzeitig ihre Leitzinsen senkten, um die abstürzende Konjunktur zu retten.

Wenn man bedenkt, daß es die ganzen 80er Jahre hindurch, als die internationale Entwicklung und auch diejenige der USA noch bei weitem nicht so schlecht aussah wie heute, ein Hauptanliegen sämtlicher Weltwirtschaftsgipfel war, treu und brav den Zinsabstand zugunsten der Amerikaner aufrechtzuerhalten, obwohl die Absurdität und Krisenpotenz dieser Politik klar war, – dann kommt die jetzige Umkehrung dieses Verhältnisses zugunsten der BRD ausgerechnet in einer Situation, in der die USA bereits ihre eigene Zeche bezahlen müssen und möglicherweise vor einer schweren Wirtschaftskrise stehen, einem unerhörten Affront gleich. Dieser wird sich irgendwann auch als offener politischer Konflikt äußern müssen, noch wesentlich härter als der mit den EG-Partnern für die BRD heraufdämmernde. Und zwar spätestens dann, wenn in den USA das seit 1990 zu beobachtende Versiegen des Zustroms ausländischen Geldkapitals voll durchschlägt, was bei einem absoluten historischen Staatsdefizitrekord für 1991 von fast 400 Milliarden Dollar überhaupt nicht ausbleiben kann, und sie dann mitten in der Rezession die Zinsen heraufsetzen müßten: allerdings ein konjunktureller overkill von katastrophischen Ausmaßen. Dann dürfte in der transatlantischen Rhetorik kein Auge mehr trocken bleiben.

Alles in allem läuft die angelegte Außenverlagerung der deutschen Vereinigungskrise auf einen seit langem befürchteten »crowding-out-Prozeß« der internationalen Finanzmärkte hinaus. Der prekäre Geldkapitalbedarf des überschuldeten warenproduzierenden Weltsystems ist einfach zu groß, als daß er die BRD in der Gestalt eines Konkurrenten um Kapitalzufluß statt in der eines Kapitalgebers noch verkraften könnte. Wenn zur 3. Welt, den ehemaligen Ostblockländern, den USA und den Defizitländern der EG nun auch noch die BRD als Kreditstaubsauger dazukommt, dann ist der Ofen endgültig aus und die Weltwirtschaftskrise wird ihren Lauf nehmen.

Notstandsbürokratie und Weltmarktdemokraten
Die schleichende Rückkehr der Kriegswirtschaft

Je mehr sich herausstellt, daß das westdeutsche Marktsystem wider Erwarten gar nicht fähig ist, die Konkursmasse der ehemaligen DDR zu integrieren, desto stärker wird dieser Notstand zur bürokratischen Verwaltungsaufgabe; und je deutlicher die Vermittlung von deutscher Wiedervereinigungskrise und Krise der marktwirtschaftlich verfaßten Weltökonomie insgesamt hervortritt, desto konsequenter wird die Abwehr und Verdrängung dieses Zusammenhangs *regressive Reaktionen* hervorrufen, institutionell und in den menschlichen Subjekten selbst. Wenn der Notstand, der die DDR ihrem Wesen nach immer schon war, durch die Einverleibung der teuren Verblichenen deren Züge dem vermeintlich siegreichen System der westlichen Weltmarktdemokratie stärker einprägt als umgekehrt, dann ist gewissermaßen eine *Verpreußung* der BRD gefragt.

Aber je realer die »Reise nach rückwärts« wird, desto fragwürdiger erscheint es auch, ob die gesellschaftlich-historische Zeit wirklich zurückgedreht werden kann. Kohl mag zwar Honecker-Züge annehmen, aber dieser letzte Preuße aus dem Saarland war ja auch schon eine historische Schattengestalt und gerade deswegen der große Verlierer. Kohl als Reichsgründer, ohnehin eine Woody-Allen-Version der deutschen Geschichte, das kann nicht durchgehalten werden. Wenn schon Wilhelm I. bei seiner Reichsgründung tiefstes Unbehagen empfand, dann müßte der Kanzler Kohl sich heute sofort in sein Pappschwert stürzen, wovor ihn bisher nur ein Mangel an Sensibilität zu bewahren scheint. Schneller als gedacht entpuppt sich das »Vierte Reich« als jeden metaphysischen Flitters entkleidete Apotheose einer leerlaufenden Geschäftigkeit, die gar nicht mehr weiß, was sie tut. Das Aussitzen funktioniert nicht mehr, aber etwas anderes hat die posthistorische politische Klasse eben nicht gelernt. Die Einlösung des Vereinigungsgebotes in der Verfassung kann die Deutschen nicht wirklich in Preußen zurückverwandeln, sowenig die altertümliche Anrufung Gottes der Logik des Weltmarkts zu imponieren vermag. Das ostdeutsche Staatsversagen übersetzt sich in westdeutsches Marktversagen und daraus entsteht eine gesellschaftliche Widerspruchsspirale, für die es noch keinen Namen gibt.

Natürlich besitzt auch die westdeutsche Weltmarktdemokratie ihre entideologisierte Staatsapparatur, deren Geräuschlosigkeit sich aber dem früheren relativen Markterfolg verdankt. Die Politik und ihre Skandale spielen sich als Medienspektakel für ein gelangweiltes Publikum normalerweise jenseits der Funktionsmaschinerie ab. Zwar stehen juristisch die Instrumentarien der Notstandsgesetze bereit, einstmals lautstark bekämpft von der naiven Demokratiebewegung des Jahres 1968, aber weder die Subjekte noch das gesellschaftliche Klima für ihre sozialökonomische Inkarnation sind in Sicht. Keinen einzigen der lebenden BRD-Politiker kann man sich als Feldherrn eines inneren Notstands vorstellen. Sowenig die Ex-DDR auf die Marktkonkurrenz vorbereitet war, ebensowenig ist die BRD auf die Staatsverwaltung eines Marktversagens vorbereitet. Das klägliche Schauspiel kriegssozialistischer Funktionäre, die sich über Nacht als kapitalistische Finanztechniker und gründungsfreudige Selfmademen zu gerieren versuchten, wird abgelöst durch die fast noch kläglichere Aufführung stromlinienförmiger Manager und postmoderner Medienpolitiker, die sich plötzlich als Funktionäre einer nicht auflösbaren staatsökonomischen Struktur wiederfinden.

Auch institutionell scheint die gänzlich unerwartete Situation und Aufgabenstellung keineswegs klar. Gewiß gibt es Arbeitsämter und ein Sozialsystem ebenso wie einen allgemeinen Verwaltungs- und Repressionsapparat. Aber dies ist natürlich nicht mehr die alte preußische Staatsmaschine, die ja auch in der DDR schon längst zur Karikatur herabgesunken war. Der siegreiche Staat der westdeutschen Weltmarktdemokratie besitzt keinen eigenständigen Zweckcharakter mehr, sondern hat sich selbst zum reinen Funktionsmechanismus des Marktes und dessen Bewegung degradiert.

Den eigentlichen Zwang übt das Geld aus. Die Staatsmaschine exekutiert nur diesen Zwang und hilft ihm mehr oder weniger unsanft nach, aber sie hat keine eigenen Ziele mehr und muß hilflos werden, wenn die Mechanik des Geldes nicht mehr bloß für Einzelne oder soziale Segmente, sondern im gesamtgesellschaftlichen Maßstab versagt.

Außerdem bestehen gewaltige ideologische Barrieren, vom Fußvolk der Demoskopie bis hinauf zur Regierungsbank. Die deutsche Vergangenheit, gerade weil verdrängt und nicht aufgearbeitet, ist nach fast einem halben Jahrhundert zum äußerlichen Gegenbild geworden, von dem sich das endlich westlich geläuterte eigene Bewußtsein in negativer Identifikation abstößt, ohne daß der Wandel kritisch reflektiert wäre. Die Kasernengesellschaft der DDR war in ihrem diktatorischen Charakter nicht nur mit der unaufgearbeiteten eigenen Vergangenheit identifiziert worden, sondern diese Unfreiheit auch mit den staatsökonomischen Strukturen; Freiheit konnte daher immer nur diejenige des Marktes sein. Und hat nicht soeben dieses Prinzip großartig gesiegt? Unerträglich die Zumutung, daß nach der Selbstaufgabe der DDR nun die Selbstverleugnung der BRD kommen soll; ebenso unerträglich die Tatsache, daß nicht der Westen den Osten nach oben zieht, sondern der Osten den Westen nach unten, zurück in jene Vergangenheitsformen, die tabuisiert sind.

Institutionell existiert im Beamtenrecht der BRD, das von demjenigen der meisten westlichen Demokratien abweicht, noch ein Schattenriß der preußischen Strukturen fort; aber selbst in den Gerichtskorridoren laufen schon beamtete junge Männer mit Zöpfchen und Ohrklips herum, die sich vor einem Notstandsstaat mit Arbeitsdienst und Zwangsverwaltung entsetzen würden und deren Brauchbarkeit dafür zweifelhaft ist. Ein reiner Zwangsapparat aber ist ohne Legitimation kaum durchhaltbar einer Millionenmasse von abstrakt individualisierten Geld- und Marktsubjekten gegenüber, die gar nicht mehr in der Lage sind, in irgendeinem Gleichschritt zu marschieren. Die Weltkrieg II-Veteranen, denen das alte Autoritätsgefüge noch in den Knochen steckt und die vielleicht liebend gern wieder zu den Prinzipien von Befehl und Gehorsam zurückkehren möchten, müßten aus den Altersheimen herbeigepfiffen werden; für ihre Remobilisierung kommen Weltmarktkrise und Notstand leider ein wenig zu spät.

Es bleibt das autoritäre, rückständige, militarisierte Bewußtseinspotential der ehemaligen DDR selber, das seiner strukturellen Affinität zum alten Preußentum und sogar zur faschistischen Kommandowirtschaft wegen plötzlich ganz unerwartet wieder Morgenluft wittern könnte. Die brisante Mischung aus (und sei es nur vorgeschobener) Nationalrhetorik und Verarmung könnte eine sogar militante Autoritarismuspotenz abrufen, die nur zu gern und auch aus sozialökonomischer Not in den Notstandsapparat drängen würde. Es gibt einige Hinweise dafür, nicht nur in jener bereits geschilderten Bereitschaft zum Söldnerdienst: während in der alten BRD die Zahl der Wehrdienstverweigerer weiter in die Höhe schnellt, wird aus Ostdeutschland über eine ebensolche Flut von Freiwilligenmeldungen zur Bundeswehr berichtet.

Solche Erscheinungen sind erste Anzeichen für einen Prozeß, wie er auch in der Agoniephase der Weimarer Republik schon zu beobachten war; bekanntlich rekrutierte sich die Knüppelgarde der SA nicht zuletzt aus jungen und desorientierten Arbeitslosen. Auch der Vergleich mit dem italienischen Mezzogiorno assoziiert vergleichbare Tendenzen: In Italien sind gerade die unteren Ränge des Staatsapparats, und zwar sowohl der Polizei als auch der Verwaltungen, im gesamten Staatsgebiet und also auch im Norden überproportional mit Süditalienern besetzt. Armut und Arbeitslosigkeit, auch subjektive Marktunfähigkeit und Gewöhnung an autoritäre Ordnungen, sich ausbreitende Clanstrukturen im Apparat sowie die relativ leichtere Verfügbarkeit dieser meist äußerst schlecht bezahlten Positionen wirken hier zusammen.

Eine allerdings depressiv stimmende Perspektive: vor dem Hintergrund von gesamtdeutscher Krisenverwaltung und nicht aufhebbarer Staatsökonomie eine von Ostdeutschland ausgehende Etatisierung, in der sich das Stasi-Syndrom umdrehen könnte, um in die westlichen Apparate hineinzuwuchern, je mehr der Staat in Gesamtdeutschland ökonomisches Gewicht gewinnt und zum Rangierbahnhof einer monetären Umverteilung wird, die alles bisher dagewesene in den Schatten stellt. Auf der einen Seite entsteht so die Gefahr eines gegen soziale Unruhen einsetzbaren Polizeiapparats, der auf gesamtdeutscher Ebene junge Ostdeutsche mit Niedrigstgehältern mobilisiert, die ihr Selbstwertgefühl aus Uniformierung und Bewaffnung beziehen; auf der anderen Seite könnte der Stasi-Krake auf vielfältige Weise zu neuem Leben erwachen, auch auf höheren Etagen der Verwaltungen sich reorganisieren und einen idealen Nährboden finden in den Bürokratien, die unvermeidlich aufblühen angesichts des Marktversagens. Auch die Verlappung und Verschmelzung der Staatsapparate mit Mafiastrukturen ist angesagt, wenn man die Mezzogiorno-Verhältnisse als Maßstab nimmt und die neuesten polnischen bzw. sowjetischen Erfahrungen damit vergleicht. Und je mehr sich notgedrungen der behördliche Zugriff auf allen Ebenen ausweitet, desto nützlicher werden in einem gewissen Umfang auch wieder die alten DDR-Tugenden der Alltagsbewältigung, das Schiebertum und die bürokratische Beschaffungsmentalität.

Der Honecker-Staat ist also noch lange nicht überwunden und scheint im Gewande der BRD selbst neue Kraft zu schöpfen in dem Maße, wie sich das ökonomische und soziale Desaster des Vereinigungsprozesses vollstreckt. Freilich kann dieses Wiedergängertum nicht ungebrochen bleiben. Das zahlenmäßig viel größere Gewicht westdeutscher Geld- und Marktsubjektivität bleibt trotzdem erhalten und wird sich gegen die Revitalisierung kriegswirtschaftlicher Verwaltungsstrukturen geltend machen. Und auch die ostdeutschen Massen selbst hatten ja nicht nur den Stechschritt-Sozialismus gründlich satt, sondern waren in der unmittelbaren Nachbarschaft der Weltmarktdemokratie auch längst in ihren autoritären Subjektformen aufgeweicht worden. Auch wenn sie nun innerhalb kürzester Zeit noch einmal und zutiefst enttäuscht werden, können sie auf keinen Fall unvermittelt und ungebrochen allesamt zu einem staatsautoritären System und Verhalten zurückkehren.

Vor allem aber bleiben die Zwänge des Weltmarkts und der Marktgesetze überhaupt auch und gerade in der Krise wirksam. Die Internationalisierung der Finanzmärkte und des Produktivkapitals kann ebensowenig zurückgenommen werden wie die Kapitalintensität der industriellen Produktion. Die einmal erreichte Entwicklungsstufe der Weltökonomie, das wird sich schnell herausstellen, bleibt ebenso irreversibel wie die von ihr hervorgetriebenen Subjektformen. Und das gilt letztlich auch für den Staat selbst, dessen weltökonomische Grundlage und Vermittlung in der Krise nicht einfach verschwinden kann, weil er weiter in diesem nicht mehr hintergehbaren Bezugsrahmen agieren muß. Der gesamtdeutsche Staat wird also faktisch gezwungen, sich zu sich selbst in Widerspruch zu setzen und einerseits weiterhin Weltmarktbezug und Konkurrenzfähigkeit mit allen Mitteln zu behaupten und zu propagieren, andererseits aber genau entgegengesetzte Maßnahmen zu treffen und in nicht abschüttelbaren kriegswirtschaftlichen Strukturen zu agieren, diese sogar samt den darin angelegten Umverteilungsmechanismen (Subventionen, Staatskredite, Bürgschaften usw.) auszubauen und eine großangelegte Armuts- bzw. Notstandsverwaltung zu betreiben.

Dieser zum Zerreißen gespannte innere Widerspruch des gesamtdeutschen BRD-Staates kann gar nicht anders, als sich eine äußere institutionelle Form zu suchen, in der er sich auszuagieren vermag. Die Rivalität der alten und der neuen Bundesländer ebenso wie diejenige von westlichen und östlichen Verwaltungseinheiten ist dafür gar nicht stark genug und bietet keine ausreichenden Aktionsspielräume. Es muß daher ein anderer und völlig neuartiger institutioneller Rahmen entstehen, in dem sich der Widerspruchsprozeß von konkurrenzökonomischem Weltmarktverhältnis und dessen Zwängen einerseits sowie kriegswirtschaftlicher innerer Staatsökonomie andererseits bewegen kann. Denn die herkömmlichen staatlichen Instanzen sind auf diesen Widerspruch in keinster Weise eingerichtet.

Es fällt nicht schwer, die Institution zu entdecken, die zum Träger und Kristallisationsfeld des staatsökonomischen, kriegswirtschaftlichen Pols avancieren wird: es ist die Treuhand. Ihr zweiter Chef, Detlev Karsten Rohwedder, stellte nicht zu Unrecht fest: »Wir sind ein Zwitter. Einerseits haben wir eine privatwirtschaftliche Managementaufgabe, andererseits die politische Aufgabe, Transformationsstelle zu sein für die Integration der ostdeutschen in die westdeutsche Wirtschaft.« Diese Zwielichtigkeit der gesellschaftlichen Treuhandposition drückt aber nur aus, daß hier eigentlich offiziell als privatwirtschaftliches Management deklarierte Aufgaben und politische Staatsfunktion unmittelbar in eins fallen, eine für die BRD völlig neuartige Erscheinung. Denn das Management der inzwischen großenteils privatisierten früheren westdeutschen Staatsbetriebe (Veba,

VW etc.) besaß niemals eigene Staatsfunktionen, sondern war dem Staat als dem juristischen Eigentümer verantwortlich. Die Treuhand aber ist selbst formelle Eigentümerin und gleichzeitig eine besondere, bisher nicht dagewesene Staatsinstitution mit eigenen Befugnissen.

Bisher ist die eigenartige Konstruktion der Treuhand nicht weiter beachtet worden, sollte sie doch nur eine äußerst kurzfristige Übergangserscheinung sein. Daß diese Zwitterinstitution mit 8.000 Betrieben in ihrem Besitz die mit Abstand größte Holding der Welt ist, wird aber immer bedeutungsvoller, je mehr sie sich angesichts der ökonomischen Sachlage verfestigt und quasi verewigt. Rohwedder selbst, ursprünglich ein Verfechter rascher Privatisierung, weiß es inzwischen: »Das wird lang dauern.« Auf nicht weniger als 40 Jahre schätzt er nun, seitdem er notgedrungen das Konzept »Sanierung vor Privatisierung« vertritt, die zeitliche Reichweite der Treuhandaufgaben. Es ist offenbar noch nicht ins öffentliche Bewußtsein gedrungen, welches institutionelle Monstrum damit die politisch-ökonomische Bühne betreten hat.

Rohwedder wies es noch im November 1990 weit von sich, »Struktur-, Ansiedlungs-, Energie- oder Regionalpolitik zu betreiben«. Aber je länger die Treuhand auf dem Gros ihrer ererbten betrieblichen Konkursmasse sitzenbleibt, desto mehr wächst sie wie von selbst in alle diese Aufgaben hinein. Als faktischer Megakonzern sprengt sie alle Alpträume des Kartellamts, als Trägerin von unklar abgegrenzten Staatsfunktionen übernimmt sie kommunale und regionale Verwaltungs- und Planungskompetenzen. Liberale Marktideologen haben den Braten schon gerochen: »Die Treuhandanstalt ist ein völlig marktinkonformes Instrument, politischer Zentralismus, weil hier Industriepolitik in einer sozialen Marktwirtschaft auf gesetzlicher Grundlage betrieben wird.« (Bodo B. Gemper) Aber was hilft es? Die Privatisierung gelingt nun einmal nicht, die westdeutsche Marktwirtschaft kann die politisch aufgesaugte DDR-Ökonomie eben nicht integrieren. Die Treuhand als monströse staatsökonomische Dauerinstitution ist das unvermeidliche Resultat.

Wie alle Institutionen, sind sie einmal etabliert, wird die Treuhand ihre Eigendynamik entwickeln, allen entgegengesetzten Absichten zum Trotz. Sie muß auf unabsehbare Zeit hinaus den Liquidationsprozeß der ostdeutschen Unternehmen verlangsamen, die verheerende Arbeitslosigkeit eindämmen, alle möglichen Tricks, Verzögerungs- und Streckungsmechanismen erfinden, Konzepte aushecken und vermutlich Bilanzen frisieren. All dies kann ideologisch sehr gut mit der prinzipiellen Absicht zur Privatisierung und dem Treueschwur auf die freie und soziale Marktwirtschaft vereinbart werden. Das nähere und weitere regelt der Sachzwang, dieser gute alte Freund, der jetzt mit dem Namen Ludwig Erhards auf den bebenden Lippen knallharte Honecker-Politik erzwingt.

Das alles geht freilich nur, wenn die Treuhand zur Schaltstelle der monetären Umverteilung wird, d.h. direkt und indirekt die Staatshaushalte anzapft, Kredite garantieren kann und über Subventionsgelder aller Art verfügt. Damit wird sie zum grundsätzlichen Gegner sämtlicher Finanzminister des Bundes und der Länder sowie aller staatlichen Finanzierungsträger außerhalb ihres Kompetenzbereichs. Bekanntlich spielt in der Auseinandersetzung der staatlichen Institutionen, der Funktionsträger auf allen Ebenen und der Ministerien um Finanzzuweisungen der Lobbyismus eine ebensolche Rolle wie bei den privaten Interessenverbänden. Wer die größte Hausmacht aufzubieten hat, wird auch am meisten absahnen. Und welche Institution könnte sich an Größe, Gewicht und Bedeutung mit der Treuhand messen, wenn sie erst einmal aus ihrem unklaren Embryonalstadium herausgetreten ist? Hier reift ein gewaltiger politisch-ökonomischer *Machtfaktor* heran, der einen unersättlichen monetären Appetit entwickeln wird.

Schon jetzt besitzt die Treuhandanstalt mit der Staatsgarantie im Rücken trotz ihres völlig maroden realen Betriebsvermögens das erstklassige US-Gütesiegel für Kreditwürdigkeit, das Triple-A. Und sie besitzt auch die Instrumentarien, die trotz der offiziellen Kontrolle des Bundesfinanzministers aus den unausweichlichen Sachzwängen heraus bereits exzessiv genutzt wurden: Liquiditäts- und zahlreiche Kreditbürgschaften mit letztlich unbegrenzten Garantien. Damit können die Begrenzungen für direkte Zuschüsse praktisch beliebig überdehnt werden. Kein Wunder, daß bereits harte Urteile von erschreckten Fachleuten über diese Kreditschöpfungsmaschine neben den Staatshaushalten gefällt werden: »Die deutsche Finanzpolitik ist die unseriöseste seit Hitlers "geräuschloser" Kriegsfinanzierung.« (Wilhelm Hankel).

In der Tat: die zahlreichen Bürgschaften und Vorfinanzierungen auf völlig illusorische Privatisierungserlöse erinnern keineswegs zufällig an sämtliche kriegswirtschaftlichen Finanzmanipulationen der modernen Geschichte: »Der ... Fehler liegt in der Möglichkeit unbegrenzter Garantien, die die Geldwertstabilität scheinbar nicht gefährden, weil sie nicht Bestandteil der bisherigen Definition der Geldmenge M 1 oder der Zentralbankgeldmenge sind. Tatsächlich könnten die ... staatlich garantierten Wechsel besser sein als Zentralbankgeld. So war es mit den Wechseln der "Metallurgischen Forschungsanstalt GmbH" ("Mefo-Wechsel"), die zur Finanzierung der Kriegsvorbereitungen Hitlers verwendet wurden. Diese Wechsel einer Industriefirma verdankten ihre Liquidität einer Rediskontzusage der Reichsbank. Damit waren sie verzinsliche Titel, die genauso gut, wenn nicht – wegen der Verzinsung – besser waren als Zentralbankgeld ... Die Treuhandanstalt ist als potentielle Inflationsmaschine eine Kombination der Assignatenkonstruktion der Französischen Revolution mit den Mefo-Wechseln der Hitlerschen Kriegsfinanzierung. Die Treuhandanstalt wird kraft des ihr gehörenden Vermögens zu einer Nebenzentralbank werden. Die Deutsche Bundesbank hat zwar für die Entmachtung der Staatsbank der DDR gesorgt. Es besteht aber die Möglichkeit, daß die deutsche Bundesbank in die Rolle eines Erfüllungsgehilfen der Treuhandanstalt als Nebenzentralbank gerät.« (Johannes Wecker)

Diese bemerkenswerte Analyse des Saarbrücker Bankbetriebswissenschaftlers vom Sommer 1990 wurde keiner öffentlichen Diskussion gewürdigt, weil sie ganz und gar nicht zum »Tag der Freude« paßte. Aber ihr Wahrheitsgehalt bestätigt sich umso mehr in dem Maße, wie die Treuhand sich selbst verewigen muß und ihr separater Kreditschöpfungsmechanismus unaufhaltsam weiterläuft.

Wird die Treuhand aber eine *Nebenzentralbank* (oder ist es schon geworden), dann kann sie ebensogut schon bald eine *Nebenregierung* geheißen werden. Wenn Regierung und politische Klasse nicht doch noch Angst vor dieser Machtfülle bekommen und die Auflösung der Treuhand ansteuern, wird dieser Faktor unkontrollierbar werden.

Aber wer sollte die gerufenen Geister noch bannen können und auf welche Weise? In irgendeiner Manier müssen die jetzt von der Treuhand übernommenen Funktionen erfüllt werden, und der Name tut nichts zur Sache. Es kann auch nicht ausbleiben, daß sich die Männer finden werden, die dieser Eigendynamik mehr als der bisherige Chef Rohwedder eine Identifikation abzugewinnen vermögen, falls nicht dieser selbst auf den Geschmack kommen sollte. Auch die Rede von den Seilschaften kann in diesem institutionellen Kontext neue Brisanz gewinnen, und es müssen dann nicht mehr allein solche der alten SED bzw. Stasi sein, die sich in diesem Apparat häuslich einnisten könnten.

Konkurrenzökonomischer Weltmarktbezug und staatsökonomische Kriegswirtschaft, Regierung und Nebenregierung, Zentralbank und Nebenzentralbank, Marktvermittlung und Krisenverwaltung stehen sich dann ebenso widersprüchlich gegenüber und prallen ebenso feindselig zusammen wie Geldsubjekt und Bürokratenmentalität, abstraktes Individuum und Autoritätsbewußtsein, gesamtdeutsche Nord- und Süditaliener: eben »Welten im Zusammenstoß«. Die Rückkoppelung auf die weltgesellschaftlichen und weltökonomischen Krisenprozesse außerhalb des deutschen Binnenraumes wird diesen Zusammenprall nicht mildern, sondern erst recht verschärfen.

Von der Maas bis an die Memel? Der Anachronismus nationaler Territorialstaatlichkeit

Das reale Wiedervereinigungsdesaster steht in eigenartigem Widerspruch zu den ständig wiederholten Prophezeiungen einer nunmehr angeblich heraufdämmernden wirtschaftlichen Übermacht Gesamtdeutschlands, das als jenes »Vierte Reich« schon zur »neuen Weltmacht« hochgejubelt wurde. Noch im Juni 1990 schwelgten selbst Leitartikler der *Wirtschaftswoche* in nationaler Unzurechnungsfähigkeit: »Mächtig und maßvoll« solle das Bismarcksche Motto für Großdeutschland sein, und: »Das reiche Bankhaus Deutschland wird noch stärker zum Finanzier der ersten Schuldennation der Welt, der USA.« (Heik Afheldt) Heute greift man sich an den Kopf ob solcher Traumtänzerei.

Umgekehrt durften natürlich die historisch bedeutungsschwangeren Warnungen der Linken vor dieser vermeintlich drohenden ökonomisch-politischen Großmacht nicht fehlen, gegen deren Heraufkunft einige antifaschistische Nostalgiker schon allen Ernstes die soeben noch als kapitalistische Hauptfeinde titulierten westlichen Alliierten mit Frau Thatcher an der Spitze zu Hilfe rufen wollten. Den Vogel freilich schossen jene sogenannten Realisten bei den Grünen ab (so u.a. Udo Knapp und Antje Vollmer), die gleich präventiv August 1914 spielen und die Kriegskredite bewilligen wollten für eine »zivilitäre Weltmachtrolle« des demokratisch geläuterten Großdeutschland am Golf.

Inzwischen liest sich die »deutsche Gefahr« eher genau andersherum. Je mehr die phantastischen Vorstellungen von der »neuen Weltmacht« verfliegen und die Wiedervereinigungsbesoffenheit schneller als gedacht zum schweren ökonomischen Katzenjammer führt, desto mehr schlagen auch die Mahnungen und Warnungen in ein diametral entgegengesetztes Szenario um, das genauso unglaubwürdig erscheint. Sind es jetzt Krise und Zusammenbruch, also das schiere Gegenteil von »ökonomischer Supermacht«, wodurch der *furor teutonicus* zu neuem Leben erwachen und die Deutschen in kriegerische Abenteuer, Überfälle auf ihre Nachbarn und irrationale Ausbrüche treiben könnte? Ausbrüche sind zwar zu erwarten, aber auch in dieser Hinsicht wiederholt sich die Geschichte nicht.

Vor allem wird das altlinke Schema der Geschichte nicht eintreten, das da lautet: in der ökonomischen Krise schürt das Kapital den Ausländerhaß, um von seiner eigenen Herrschaft abzulenken, und plant den Krieg, um die Krise nach außen zu tragen und zu überwinden. Ganz abgesehen davon, daß hier schon immer eine linke Mystifizierung wirksam war, weil das Kapital kein bewußt agierendes nationales Gesamtsubjekt darstellt, sondern nach Marx ein *alle* Gesellschaftsmitglieder einschliessendes *fetischistisches Verhältnis*, so stimmt dieses Szenario heute nicht einmal mehr der oberflächlichsten Erscheinung nach. Schon die früheren Kriege und nationalistischen Exzesse der Moderne waren ein *Gesamtprodukt* der kapitalistischen Gesellschaften gewesen, unter kräftiger und sogar (zumindest jeweils im Anfang) begeisterter Teilnahme des Volkes. Und im Vergleich zu den freiwilligen, überzeugten Massenschlächtern und hurraschreienden Mitmachern waren jene Waffenschieber, die ungerührt an beide Seiten der Front verkauften, schon immer die sympathischeren Figuren. Gerade heute aber hat sich das Verhältnis endgültig umgekehrt: während die Manager des internationalisierten Kapitals den nationalen Ausbrüchen immer reservierter und ablehnender gegenüberstehen, proben ausgemusterte Proletarier den nationalen Appell oder sogar das Pogrom gegen Ausländer, entdecken Intellektuelle wie Walser ihre deutsche Wurzelidentität und linke Politiker phantasieren sich eine nationale »Großmacht-Verantwortung« zusammen.

Die Linke hat eine säkulare Entwicklung verschlafen, in der sich ihre Standardszenarios nur noch unsterblich blamieren. Der proletarische Internationalismus war immer bloß vages und abstraktes Ideal geblieben, real verharrten gerade Arbeiterbewegung und sozialistische wie kommunistische Parteien im *Zeitalter des Nationalismus*. Blieb etwa die Sowjetunion bei der kulturellen Autonomie voneinander säuberlich getrennter Völkerschaften stehen, so wurden die kapitalistischen USA bekanntlich zum »großen Schmelztiegel« und brachten daher auch eine weniger bornierte, offenere Kultur hervor. Und kam die einseitig und romantizistisch auf die 3. Welt fixierte Linke nach dem 2. Weltkrieg nicht über den Mythos der nationalen Befreiungsbewegung hinaus, so stellten die vehement kritisierten Multis real die *Weltgesellschaft* her, wenn auch eben in der negativen und destruktiven Form des Kapitals: »Während die Proletarier und die Unterdrückten aller Länder nicht mal im Traum daran denken, sich zu vereinen, haben ein paar große Firmen grenzübergreifende Korporationen gebildet, den Internationalismus nicht als Theorie proklamiert, sondern als Geschäftspraxis verwirklicht. Coca Cola, Peter Stuyvesant und Toblerone haben mehr für den Abbau von ökonomischer und kultureller Kleinstaaterei geleistet als die erste, zweite, dritte und vierte Internationale zusammengenommen.« (Henryk M. Broder)

Entkleidet man die Nation ihres fetischistischen, schein-ontologischen Flitters, dann entpuppt sie sich in der modernen Form, wie wir sie kennen, als ein bloß historisches und vorübergehendes Konstrukt, und zwar als ein bestimmtes Entwicklungsstadium des warenproduzierenden Systems. Den feudalen Partikulargewalten gegenüber mußte ein größerer, einheitlicher *Funktions-*

raum der Ware-Geld-Beziehung geschaffen werden: das ist das ganze Geheimnis, das nur ideologisch eingekleidet wurde und einen vorher eher vagen und keineswegs politisch konstitutiven Zusammenhang in den Rang eines schwer emotionsbesetzten Ideals oder kulturellen Werts erhob. Schon mit dem weiteren historischen Aufstieg des warenproduzierenden Systems wurde dieser Rahmen wieder zu eng: im Zeitalter des eigentlich kapitalistischen Imperialismus seit dem Ende des 19. Jahrhunderts und in der Weltkriegsepoche versuchten die entwickeltsten Nationen, sich jeweils einen weltwirtschaftlichen Funktionsraum unter eigener politischer Kontrolle über die nationalen Grenzen hinaus zu schaffen. Das Ideal *nationaler Autarkie* eines warenproduzierenden Systems wurde beibehalten, aber über den schon wieder als beschränkt erscheinenden Funktionsraum der Nation hinaus verlängert, eingekleidet als politisch-militärischer Machtanspruch.

Besonders die sozialistischen versteinerten Kriegswirtschaften blieben auch nach dem 2. Weltkrieg am autarkistischen Ideal hängen und schaufelten sich nicht zuletzt dadurch ihr eigenes Grab. In der DDR wurden nicht einmal die komparativen Vorteile des ordinärsten Außenhandels aktiv wahrgenommen, sondern Exporte wie Importe nur als notwendiges Übel betrachtet. Selbst innerhalb des RGW blieb die internationale Verflechtung hinter derjenigen in der EG oder im westlichen Weltmarkt insgesamt weit zurück. Diese autarkistische Bornierung korrespondierte mit den autoritären Staats- und den kriegswirtschaftlichen Produktionsstrukturen, um von Nordkorea bis zur DDR nationale und beschränkte Arbeitsgesellschaften erstarren zu lassen, in denen der Staat seine erwachsenen Bürger vaterländische Lieder absingen ließ und für den Einheitsschnitt zum Friseur kommandierte.

Die nationale Bornierung der Arbeiterbewegungsparteien zeigte sich auch im Westen, trat dort jedoch in immer schärferen Widerspruch zur realen Internationalisierung des Kapitals. Während der sozialdemokratische Übervater und Nachkriegs-Ahnherr Kurt Schumacher nichts Dümmeres zu tun hatte, als Adenauer wegen dessen Politik der Westintegration Vaterlandsverrat vorzuwerfen, wurde gerade durch diese Weichenstellung die Verwandlung der BRD in eine offene Weltmarktdemokratie eingeleitet und die spätere Exportweltmeisterei programmiert. Und in dem Maße, wie die Orientierung am Warenexport in Kapitalexport auf bisher nicht gekannter Stufenleiter überging und sich das Kapital auf allen Ebenen real internationalisierte, mußte auch jede nationalistische und imperialistische Option im alten Sinne, d.h. als Schaffung und Ausdehnung autarker, weltregionaler Einflußzonen unter der Fuchtel eines überlegenen Nationalstaats, sich ad absurdum führen und verdampfen.

Ironischerweise sind heute die USA als letzte Weltmacht selber Opfer dieser Entwicklung, obwohl (oder gerade weil) diese unter dem Dach der *Pax Americana* stattgefunden hat. Die USA als Weltpolizist konnten kein autarkistisch orientiertes Imperium im alten Sinne mehr aufbauen (die Sowjetunion, die dies auf plumpeste Weise versuchte, ist nicht zuletzt deswegen auch zuerst gescheitert), sondern ihren politisch-militärischen Machtanspruch nur in Form der Durchsetzung weltgesellschaftlicher Rahmenbedingungen für dem Prinzip nach *alle* tendenziell ent-nationalisierten Kapitale behaupten, d.h. letztlich kontraproduktiv für die eigene ökonomische Stellung in diesem Gefüge. Einerseits entstand so der häßliche Amerikaner, weil die zahllosen Interventionen der USA sich in guter alter imperialistischer Manier gegen jedes Aufbegehren in jenen Regionen richten mußte, die für die Friktionen des Weltmarktprozesses die Zeche zu zahlen hatten; andererseits stellten sich in dieser Form der *Pax Americana* trotzdem erstmals Ansätze einer unmittelbar internationalisierten Weltgesellschaft her, hinter der das östliche Reich der Kasernen-Sozialismen weit zurückblieb. Und weil die USA diese Funktion nicht mehr für ein eigenes politisch-ökonomisches Imperium alten Stils ausüben konnten, deswegen hatten sie auf Dauer nur die zweifelhafte militärische Glorie dieser Weltgesellschaft für sich, verloren aber die ökonomische Macht zusehends an Japan und die BRD.

Irgendwelche nationalen Großmachtphantasien sind daher heute in den Führungsetagen der westdeutschen Großkonzerne eher weniger zu finden, weil die Spitzenmanager bereits seit langem in diesen Kategorien gar nicht mehr denken können, wie der Vorstandsvorsitzende von VW deutlich macht: »Im Zuge des technischen Fortschritts sind Herstellungsprozesse für die meisten Güter immer zerlegbarer geworden, was die weitgehende Internationalisierung der Produktion erst ermöglichte. Erleichtert wird sie durch die Tatsache, daß die modernen Kommunikationstechniken den Informationsfluß innerhalb transnationaler Unternehmen erheblich verbilligt haben. Die Auslandsproduktion der größten Industrieunternehmen der Welt dürfte inzwischen ein Drittel des gesamten Welthandels ausmachen.« (Carl H. Hahn)

Sein Kollege von Daimler-Benz kann ihm da nur beipflichten: »Wenn der Befund unvermeidlicher globaler Interdependenz zutrifft, kommen aber auf die Politik völlig neue Aufgaben zu. Dann muß sie aus Gründen machtpolitischer Stabilität Vernetzungen jeder Art fördern, Märkte öffnen, den freien Fluß von Informationen zulassen, jedem, der mitspielen will, die Tore öffnen – wohl wissend, daß dies zugleich die traditionelle Machtsouveränität der Staaten weiter auflösen wird ... Oder wollen wir eines Tages mit neuen Kriegen, etwa um versiegendes Trinkwasser, konfrontiert werden, weil wir immer noch einer schauerlich mumifizierten nationalen Souveränität Tribut entrichten? Da wäre mir eine vernetzte Welt, in der einzelne Politiker den Leitbildern von gestern zunehmend weniger Rechnung tragen können, dann doch lieber.« (Edzart Reuter)

Dies sind keine bloß vereinzelten und subjektiven Stellungnahmen, sondern es handelt sich um den Ausdruck einer wirklichen Struktur und vorhandener Interessenlagen. Der politische Selbstläufer der nationalen Wiedervereinigung entspricht in Wirklichkeit nicht den ökonomischen Erfordernissen des internationalisierten Kapitals, auch wenn die Münchhausenkonjunktur gerne mitgenommen wird und Lippenbekenntnisse nicht fehlen.

Daß das Kapital, auch das sogenannte mittelständische, strategisch eigentlich mit anderem beschäftigt ist, bricht durch die nationale Rhetorik und das Großmachtgequatsche immer wieder hervor. Just in der Zeit der nationalen Vorfreude veranstaltete im Mai 1990 die Schmalenbach-Gesellschaft – Deutsche Gesellschaft für Betriebswirtschaft e.V. eine Tagung über die »Globalisierung der Märkte«, in deren Rahmen sogenannte »strategische Allianzen« transnationaler Art immer bedeutsamer werden, d.h. neuartige Formen der Zusammenarbeit zwischen rechtlich selbständigen Unternehmen, um die eigene Konkurrenzfähigkeit zu stärken.

Solche strategischen Allianzen, besonders interessant als Kooperation auf dem Gebiet der Forschung und Entwicklung, würden notwendig, so ein Resultat der Tagung, weil weltweite Alleingänge immer aussichtsloser werden. Damit verlagern sich natürlich auch solche Dinge wie Geheimhaltung, Industriespionage usw. aus dem nationalen Bezugsrahmen heraus und es entstehen völlig neue, supra-nationale Konkurrenzverhältnisse, die quer zu den entwirklichten nationalen Interessen liegen. Als klassisches Beispiel solcher Co-Forschung und damit verbundener Kostenvorteile und Risikoreduzierungen wurde die Pflanzenschutzindustrie genannt; aber auch bei kleineren Unternehmen ist diese Erscheinung schon zu beobachten: so hat z.B. in der Keramikbranche die Gail AG (Gießen) eine solche strategische Allianz mit einem japanischen Keramikhersteller geschlossen.

Auch die Nation selber ist also kaum weniger als der »deutsche Fleiß« und die Trümmerfrauen eigentlich bloß noch ein historisches Gespenst, das uns auf der vergeblichen Reise nach rückwärts begegnet. Wie der weltökonomische Prozeß der westlichen Nachkriegsgesellschaften die Politik und den Arbeitsfleiß entwirklicht hat, so hat er auch die Nation als gesellschaftlichen Bezugsrahmen entwirklicht. Diese Begriffe müssen in ihrem historischen Zusammenhang betrachtet werden. Die Kategorie der Politik gehörte zum nationalen Interesse, auf dessen Boden sie sich bewegte, und der Arbeitsfleiß gehört zu einem Entwicklungsstadium des warenproduzierenden Systems, in dem die Masse des puren Menschenmaterials (Arbeiter in den fordistischen Massenindustrien und infantristische Truppen in den Armeen) noch den entscheidenden ökonomisch-politischen Machtfaktor darstellte, der sich eben im Kraftfeld von Nationen zusammenballte.

Heute aber sind solche Faktoren wie territoriale Größe und Menschenreichtum keine entscheidenden Kennzeichen des Reichtums und der Macht mehr, im Gegenteil können sie zunehmend zu Belastungsfaktoren werden. »Das neue größere Deutschland legt seine Ressourcen zusammen« (Heik Afheldt), eine solche Sicht der Wiedervereinigung muß sich als illusorisch erweisen. In der postfordistischen Welt sind Menschen- und Territorialreichtum dann eine bloße Last, wenn diese Ressourcen nicht marktfähig sind. Von der Neutronenbombe des hochproduktiven und hoch-kapitalintensiven Weltmarkts entwertete Industrien und Arbeitskräfte stellen eben im Sinne der Rentabilität keine Ressourcen mehr dar, sondern im Gegenteil nur noch ein sozialökonomisches Entsorgungsproblem. Das weltökonomische Potential der BRD wurde also durch die Einverleibung der DDR nicht entscheidend gestärkt, sondern entscheidend geschwächt; die BRD hat keine Potenzen hinzugewonnen, sondern sich einen riesigen Klotz am Bein eingehandelt und ein völlig anachronistisches Verhalten an den Tag gelegt. Das weltökonomisch entwertete Sozialprodukt der Ex-DDR kann nicht aufaddiert, sondern muß mit dem Minuszeichen versehen und als katastrophenträchtiger Belastungsfaktor von der produktiven Masse der BRD abgezogen werden.

Natürlich verweist dieser Zusammenhang wieder auf das herangereifte *Krisenpotential* der marktwirtschaftlich verfaßten Weltökonomie. So großartig die westliche Kreierung der unmittelbaren Weltgesellschaft auch genannt werden muß, so bewundernswert dieser Prozeß unter der Ägide der *Pax Americana* trotz aller Cowboy-Allüren und blutigen Friktionen letztlich doch auch war, es kann dies nicht das letzte Wort der menschlichen Entwicklung bleiben. Denn immer deutlicher wird, daß die Absorptionskraft der Marktwirtschaft nicht für die ganze *Eine Welt* ausreicht, gerade weil die infantristischen Armeen der Arbeit nicht mehr der entscheidende Faktor sein können. Es zeigt sich, daß die Formen des Kapitals an diese obsoleten Kategorien (abstrakte Arbeit, Politik, Nation) eigentlich selber gebunden sind, mit diesen zusammen jenes Gefüge ausmachen, das Marx als modernen Fetischismus bezeichnet hat. Die von den marktwirtschaftlichen Formen hergestellte offene und eine Weltgesellschaft erweist sich als mit diesen Formen nicht mehr vereinbar. Die Marktwirtschaft kann immer weniger Menschen auf menschenwürdige Weise integrieren; das Dilemma der Wiedervereinigung führt diese gewaltige Krisenpotenz nur auf exemplarische Weise vor.

So wenig aber dieses Dilemma im Bezugsrahmen des nationalen Binnenraumes bewältigt werden kann, ebensowenig kann es als nationale Aggression nach außen getragen werden. Die Konkurrenz des internationalisierten Kapitals kann beim besten Willen nicht mehr in Kriege kapitalistischer Nationen untereinander umschlagen. Wollte »das« deutsche Kapital, das gar kein »deutsches« mehr ist, seine westlichen Nachbarn militärisch bedrohen oder überfallen, so könnte es immer nur seine eigenen Investitionen bzw. Ressourcen bombardieren und umgekehrt. Dasselbe gilt auch für den altgewordenen transatlantischen Weltpolizisten, der ökonomisch am Stock geht. Die internationalisierten Finanzmärkte spotten allen Flugzeugträgern und lasergesteuerten Marschflugkörpern.

Erst recht hirnrissig wäre es, die zusammengebrochenen Ostblockgesellschaften zu überfallen. War schon die Einverleibung der DDR anachronistisch, wie wäre es erst die Eroberung von weiteren weltökonomisch ausgemusterten Ostregionen! Während die antiquierte Linke durch ein vermeintliches »Viertes Reich« den Revanchismus aufleben und die Oder-Neiße-Grenze bedroht sieht, fehlte in Wirklichkeit nicht viel, und sämtliche Völker bis zum Ural würden sich freiwillig zu Provinzen dieses Reiches machen lassen; vorausgesetzt, der Exportweltmeister ließe sie an kapitalistischer Normalität teilhaben, die leider unwiederbringlich verschwunden ist. Statt sich auf zukünftige deutsche Aggressionskriege einzustimmen, betreiben die Polen einen schwunghaften Handel mit gefälschten Abstammungsnachweisen von alten Nazischergen, um sich Zugang zum Arbeitsmarkt der BRD zu verschaffen.

Gerade in der Krise auf der heutigen Höhe kapitalistischer Vergesellschaftung sticht die nationale Karte nicht einmal mehr als Bezug für aggressive Reaktionsformen. Wenn heute von einem neuen Nationalismus in aller Welt die Rede ist und in dieser Hinsicht vor den Gefahren der deutschen Wiedervereinigung gewarnt wird, dann haben die Mahner und Warner einfach nicht genau genug hingesehen. Der alte Nationalismus gehörte zur Herausbildung und zum Aufstieg der territorialen Großstaaten, der vermeintliche neue läuft auf das genaue Gegenteil hinaus. Gelegentlich blitzt diese Wahrheit auch bei kritischen Betrachtungen des deutschen Vereinigungstaumels auf: »In einer solchen Welt gibt die deutsche Wiedervereinigung keinen Sinn mehr – es wird sich eher die umgekehrte Frage stellen, ob es nicht zweckmäßig sei, die Bundesrepublik in ihre Länder aufzulösen.« (Wolfram Engels) Was hier im Kontext einer erhofften neuen Weltfriedensordnung gemeint ist, steht aber real im Zusammenhang der weltökonomischen Krise und sieht dann ganz anders und weniger schön aus.

Denn je mehr sich die eine Weltgesellschaft hergestellt und das Kapital internationalisiert hat, desto mehr wird der Weltmarkt für die meisten Träger marktwirtschaftlicher Reproduktionsformen aus einer früheren Meta-Sphäre von Nationalökonomien zum unmittelbaren Funktionsraum; damit aber wird auch die Ressourcenverwaltung durch territoriale Großstaaten immer lästiger.

Sowohl Gewinner als auch Verlierer fühlen sich ständig übervorteilt und wollen die nationalen Umverteilungsmechanismen der Territorialstaaten unterlaufen. Die Aserbaidschaner möchten ihr Erdöl lieber auf eigene Rechnung an den Weltmärkten verscherbeln, statt es weit unter Weltmarktpreis für die Reproduktion der UdSSR hergeben zu müssen; dasselbe denken die Bergarbeiter des Kusbass von ihrer Kohle. Die Slowenen wollen nicht länger für die unterentwickelten Regionen Serbiens bluten, die Norditaliener entdecken sich als Langobarden und haben eine Bewegung zur Abstoßung des Mezzogiorno entfacht.

Besitzen diese Reaktionen noch einen Kern von marktwirtschaftlicher Rationalität, indem sie aus Gewinngesichtspunkten die Aufsprengung der Nationalökonomien durch den Weltmarkt reflektieren, so richten sich auch die völlig irrationalen und gewaltsamen Reaktionen der verarmten und verelendeten Verlierer gegen den vereinheitlichenden Zusammenhang der territorialen Groß- und Nationalstaaten. Bevölkerungsgruppen, die bisher friedlich zusammenlebten, entdecken sich als Aggressionsobjekte und veranstalten wechselseitige Pogrome; sämtliche *Separatismen* der Weltgeschichte werden wiederbelebt, oft weit unterhalb jeder denkbaren Fähigkeit zur Nationalstaatlichkeit.

Trotz der unterschiedlichen Motive laufen aber alle diese Reaktionsformen auf dasselbe hinaus, nämlich auf die Zersetzung der alten territorialen Staatlichkeit und der Nationen genannten Großgebilde, die vom noch größeren Weltmarkt obsolet gemacht wurden. War der alte Nationalismus Ausdruck eines *Integrationsprozesses* auf Basis des warenproduzierenden Systems, so ist der angebliche neue Nationalismus genau im Gegenteil Erscheinungsform einer *krisenhaften Desintegration*, und oft handelt es sich um die Belebung oder gar erst Entdekkung von vermeintlichen Gegensätzen, die quer zu den Nationen im eigentlichen Sinne verlaufen. Die Flut der Separatismen aller Art ist Reaktion auf die Wirklichkeit der *Einen Welt* ebenso wie auf deren negative, krisenhafte Qualität und Absorptionsunfähigkeit. Mit einem Wort: alle Welt dissoziiert sich in der totalen Weltgesellschaft der Krise, nur die Deutschen waren schwachsinnig genug, sich national wiederzuvereinigen.

Multikulturelle Barbarei
Die Beliebigkeit der Verteilungskämpfe und der Verfall nationalen Bewußtseins

Es kann nicht ausbleiben, daß sich die Internationalisierung des Kapitals und das reale Dasein der *Einen Welt* auch längst im Massenbewußtsein niedergeschlagen haben. Zwar nicht im Sinne einer humaneren Welt mit solidarischen Grundsätzen, sondern als das totale Ausgeliefertsein aller an die globalen Mechanismen des Geldes und der Weltmarktbewegung; aber eben deshalb glauben auch nur noch verschrobene Außenseiter ernsthaft an nationale, politische oder religiöse Ideale, während der kapitalistische Normalmensch ideologische statements zwar weiterhin von sich gibt, sie aber selber im Grunde durchschaut und funktionell behandelt. Die jungen Amateurprediger in den Fußgängerzonen zur Weihnachtszeit gehören schon zu den verlorenen Kindern einer inhaltslos gewordenen Welt, die gar nicht mehr definieren können, wogegen sie anschreien. Denn die unfreiwillige Überwindung mörderischer Ideologien der Vergangenheit, zumindest in den entwickeltsten Regionen, wurde erkauft durch die totale Leere des Geldes und die zunehmende Beliebigkeit der Fronten des Verteilungskampfes auf dieser Basis.

Diese Leere hat das gesamte Leben der einen Weltmarktgesellschaft ergriffen, in der sich der deutsche Wahnsinn kaum noch vom englischen, französischen oder amerikanischen unterscheidet. Die Sozialcharaktere des Geldes differieren nur noch minimal, in ihrer leeren Unbequemlichkeit und ewig vergeblichen Identitätssuche sind sie austauschbar geworden. Deswegen wird im Prinzip nichts mehr ernst genommen, am allerwenigsten die Wiedervereinigung. Was ist sie schon gegen den Gewinn der Fußballweltmeisterschaft, die Höhe des nächsten Weihnachtsgeldes, die neueste Sexualtechnik aus Westindien oder sonst irgendetwas für preisbewußte Autofahrer, die ihren Spaß haben wollen?

Die Ereignishorizonte der Warensubjekte sind derart beliebig geworden, daß die Ereignisse selber gleichgültig bleiben und nicht mehr qualitativ unterschieden werden können. Sie werden verschluckt von der Geschichtslosigkeit der Weltmarktbewegung, in der die gesamte sinnliche Welt inclusive höherer Werte sich in die banale Immergleichheit von Rentabilität auflöst. Nicht nur der Weltmeistertitel im Balltreten hat die politische Wiedervereinigung emotional als Ereignis ausgestochen, nicht nur der Unterschied im historischen Gestaltungsanspruch von Kaiser Franz und dem Bundeskanzler Kohl ist fragwürdig, weil beides auf derselben Ebene der Medienwirklichkeit abgebildet wird; es könnte sogar sein, daß der Unterhaltungswert der Wiedervereinigung in den USA größer war als hierzulande, weil die Amerikaner fälschlich in den Krauts immer noch eine zähnefletschende Großmachtbestie zu sehen glauben, die diese beim besten Willen nicht sind.

Auch in dieser Welt werden die Verteilungskämpfe in Ressentiments eingekleidet und die wirklichen oder vermeintlichen Konkurrenten anhand irgendwelcher Merkmale als Unpersonen definiert. Aber in demselben Maße, wie die dicken ideologischen Schichten weggeschmolzen sind und die Verteilungskämpfe in fast schon direkter Nacktheit als solche im Bezugsrahmen des Geldes hervortreten, wird auch die Definition von Freund und Feind immer beliebiger und flüchtiger. Im Prinzip kann jeder mit jedem und ebenso gegen jeden, Hauptsache es springt dabei irgendetwas heraus, und sei es nichts als ein Spurenelement von Selbstbestätigung. Wer ein Herz für Pornovideos oder Mountain Bikes hat und sich gleichzeitig immer und überall bedroht fühlt, aber nie genau sagen kann von wem und wodurch, der wird auf jeden Fall eins nicht tun: aus Vaterlandsliebe singend in den Tod ziehen. Noch nicht einmal ein kleines Pogrom wird mehr in irgendeine größere Meta-Zielsetzung einzuordnen sein.

Denn die abstrakten Individuen des Geldes sind auch gar nicht mehr massenhaft ideologisch organisierbar und schon gar nicht aufopferungswillig. Von den Bundeswehrsoldaten einer Flugabwehreinheit, die ins nahöstliche Krisengebiet verlegt werden sollte, hat sicherheitshalber gleich ein knappes Drittel den Wehrdienst verweigert. Und selbst die vermeintlichen Neonazis der Skinheads sind kaum über partikulare und fluktuierende Bandenbildung hinaus zu mobilisieren. Die straffen Parteisoldaten gehören ebenso der Vergangenheit an wie die festen, in sich ruhenden äußeren Feindbilder. Der isolierte Einzelkämpfer Rambo, der im Prinzip überall und gegen jeden seine Kommandounternehmen ausführen kann, ist das eigentliche Ideal der militanten Kaputtheit; auch die fernöstlichen Karatemeister oder die lonesome cowboys und Südstaatenhelden als Identifikationsfiguren sehen nicht gerade nach deutschnationalen SA-Marschkolonnen aus.

Die nationalistischen Parolen und Exzesse in den Fußballstadien und im Umfeld großer Sportereignisse sind so gesehen nicht die Keimformen einer neuen militanten und gar politikfähigen Nationalbewegung, sondern viel eher deren letzte und erbärmliche Verfallsform, ein Nachzucken der gesamtgesellschaftlich schon toten nationalistischen Gefühlswelt in einem absurden Bezugsrahmen. Das bestätigt sich, wenn nicht solche und ähnliche scheinpolitische Randerscheinungen ins Blickfeld rücken, sondern der wirkliche gesellschaftliche Durchschnitt. Bei einer Umfrage des Mannheimer Ipos-Instituts im Auftrag des Bundesinnenministeriums vom Sommer 1988 ergab sich ein für den Nationalstolz niederschmetterndes Ergebnis: »Je jünger und gebildeter die Deutschen sind, desto weniger machen sie sich aus nationalen Symbolen wie Flaggen und Hymnen.« Den meisten bundesdeutschen Menschen unter 24 und den allermeisten mit Abitur ist das Nationalbrimborium herzlich egal, oder es wird sogar als peinlich und störend empfunden; ein bißchen höher im Kurs steht das Nationalgefühl bei den Bürgern mit Haupt- und Sonderschulabschluß (bei den jüngsten Jahrgangsklassen bereits eine Minderheit), am höchsten bei den über 70jährigen.

Keineswegs zufällig war es wieder die gesellschaftlich rückständige und bornierte Autarkie-Gesellschaft und preußische Ruine DDR, in der sich schon vor dem Zusammenbruch unter der offiziellen Hülle der verordneten Ideologie rechtsradikale und neofaschistische Strömungen in weit größerem Ausmaß als im Westen bemerkbar gemacht hatten. Nach inzwischen bekanntgewordenen Untersuchungen und Umfragen gab es schon seit Beginn der 80er Jahre eine sich verstärkende nationalistische und altrechte Tendenz unter DDR-Berufsschülern, jungen Arbeitern und angeblich sogar Fallschirmjägern der NVA, mit geheimen Wehrsport-Camps, Vertrieb von Hitlers *Mein Kampf* und der kindlichen Forderung nach einem »deutschen Reich« in den »Grenzen von 1938«. Als die Leipziger Montagsdemonstrationen den hilflosen Humanisten aus dem Ruder liefen, hatten diese historischen Irrläufer ihre Medienauftritte. Aber für viele Jugendliche handelte es sich wohl eher um Provokationsspielchen gegen verknöcherte SED-Elternhäuser mit angestaubter antifaschistischer Tradition und ohne jede Zukunftsperspektive. Insgesamt sind diese Rechtsradikalen auch in Ostdeutschland eine Minderheit geblieben außerhalb des eigentlichen politischen Raums.

Weder objektiv noch im Bewußtsein der Subjekte haben ein neuer Nationalismus oder gar eine gesellschaftlich hegemoniefähige neofaschistische Bewegung in der BRD die geringste Chance. Das heißt nicht, daß die bereits rollende Wiedervereinigungskrise nicht Formen von *Ausländerfeindlichkeit* schon geschürt hat und weiter erzeugen wird: zwar keineswegs als organisierte gesellschaftliche Kraft, aber in blinden Ausbrüchen und aufflackernden Gewalttaten ohne politische Kohärenz. Nach jüngsten Umfragen ist die Ausländerfeindlichkeit wiederum in der Ex-DDR heute größer als im Westen, aber ironischerweise gibt es in Ostdeutschland kaum Ausländer, da ja die durch Mauer und Stacheldraht abgeschottete DDR eine hermetisch geschlossene Gesellschaft gewesen war. Diese Tatsache zeigt allerdings schon die abstrakte Beliebigkeit des Feindbildes auch im Osten; die Sachsen müßten sich schon gegenseitig als Ausländer definieren, um in ausreichendem Maße pogromfähig zu werden.

Die alte BRD dagegen ist wie fast alle westlichen Weltmarktgesellschaften in hohem Maße auch von der Population her internationalisiert. Niemand kann bezweifeln, daß sich diese Internationalisierung alles andere als friktionsfrei vollzogen hat; Ghettobildung, Zusammenstöße und Diskriminierungen sind an der Tagesordnung, und der mittlerweile vertraute Anblick vermummter anatolischer Bauersfrauen in den U-Bahnen westdeutscher Großstädte macht deutlich, daß sich auch in dieser Hinsicht »Welten im Zusammenstoß« befinden. Einige närrische und reaktionäre Linke haben daraus die Schlußfolgerung gezogen, in der nunmehr multikulturellen Gesellschaft müßten die Türken, Jugoslawen usw. ihre jeweilige Identität bewahren und damit natürlich umgekehrt auch die Deutschen die ihre, obwohl solche Identitäten teils schon gar nicht mehr existieren, teils nicht im geringsten verdienen, daß sie überleben (z.B. extrem patriarchalische und autoritäre Familienstrukturen).

Zum Glück sind dies bloße Ideologien ohne Bewahrungskraft. Denn faktisch findet trotz aller Friktionen eine gewaltige *Durchmischung* statt, und es entsteht ein multikulturelles Klima in einem ganz anderen Sinne, nämlich als wechselseitiger Assimilationsprozeß. Es ist keineswegs bedeutungslos, daß sich das Gaststättenwesen der alten BRD fest in griechischer und italienischer

Hand befindet (es wäre sonst wohl kaum weniger trostlos als das ostdeutsche), daß sich die Küche überhaupt internationalisiert hat und die Massen daran gewöhnt sind, im Urlaub Spanien, die Türkei oder Frankreich zu besuchen; ebensowenig kann es ohne Folgen bleiben, wenn gewohnheitsmäßig englische Popmusik dudelt und die Großeltern belächelt werden, die mit der Aussprache der längst gängig gewordenen Anglizismen nicht zurechtkommen. Nicht völlig unwesentlich dürfte es auch sein, daß trotz aller Ressentiments die diversen Nationalitäten unvermeidlich das tun, was immer geschieht, wenn verschiedene Völker an einem Platz zusammenleben: nämlich sich zu paaren.

Bei einer krisenbedingten neuen Welle von Ausländerfeindlichkeit wäre es gar nicht mehr so klar, wer eigentlich Ausländer ist. Ein mit rechtsradikalen Phrasen um sich werfender Skinhead wußte in einem Interview ideologisch die Tatsache nicht zu rechtfertigen, daß seine Freundin Jugoslawin ist. Auch etliche Lokalfunktionäre der Republikaner sind selbst mit Türkinnen und Philippinas verheiratet, was auch dann in der Ausländerfeindlichkeit Brüche erzeugen muß, wenn die Ehe über eines der berüchtigten Vermittlungsinstitute zustande gekommen sein sollte. Und in Jugendbanden des Ruhrgebiets sind es junge Spanier, Türken, Jugoslawen usw., die am lautesten »Ausländer raus!« brüllen. Dieser auf den ersten Blick verblüffende Sachverhalt läßt sich erklären, wenn man bedenkt, daß diese Jugendlichen meistens in der BRD geboren sind, die alte Sprache ebensowenig wie die deutsche ganz beherrschen (was sie mit den meisten Deutschen teilen), im Clinch mit den Auffassungen ihrer oft noch traditionell orientierten Eltern liegen und gleichzeitig Angst vor der Konkurrenz der hereinströmenden Ostdeutschen haben: ein Gefühl, das sie wiederum mit vielen Westdeutschen teilen.

Es läuft also darauf hinaus, daß eigentlich die Ossis die Ausländer sind, die ehemaligen DDR-Bürger sowohl als auch die deutschstämmigen Aussiedler aus Polen,

Rumänien und der Sowjetunion. Dementsprechend laufen auch die Ressentiments und Übergriffe in ihren Frontstellungen wild durcheinander. Es waren westdeutsche Rechtsradikale, die schon kurz nach der Maueröffnung geparkte Trabbis anzündeten und z.B. Weihnachten 1989 in Stuttgart-Feuerbach ein Übergangsheim für DDR-Übersiedler in Brand steckten. Und längst haben die quasi-rassistischen Ossi-Witze die einschlägigen Türken-Witze abgelöst und übertroffen. Jeder altrassistische Anhänger einer »Heim ins Reich«-Kampagne könnte sich nur noch mit Grausen wenden.

Natürlich ist diese verquere Sorte Ausländerfeindlichkeit um keinen Deut besser als jede andere, und eigentlich müßte es eine menschliche Selbstverständlichkeit sein, Flüchtlinge und verzweifelte Menschen egal welcher Nationalität (sogar Deutsche) aufzunehmen und zu versorgen. Insofern wäre auch das Ressentiment vieler Linker gegen Aus- und Übersiedler, die diese Helden des Internationalismus am liebsten für immer in ihrer alten Arbeitskaserne einsperrt hätten, selber als durchaus rassistische Hetze zu bezeichnen. Auf diese Weise wird die in Bösartigkeit umschlagende Demoralisierung der Ostdeutschen bestimmt nicht emanzipatorisch konterkariert.

Nicht anders steht es mit dem latent vorhandenen *Antiamerikanismus*, der ja bei Rechten wie Linken gleichermaßen blüht und bei letzteren umso plumper und reaktionärer wird, je weniger sie die Rolle der USA als Ausdruck der negativen Form des Weltmarkts kritisieren können, sondern mit den Gesetzen der Marktwirtschaft ihren Frieden machen oder an diesen vorbei sich blind gegen die unbegriffenen Erscheinungen werfen. Wenn auf der Ebene der Weltkonjunktur und der gegensätzlichen Finanzmarktinteressen der Konflikt zwischen den westlichen Zentren und vor allem mit den USA aufbrechen sollte, könnte auch dieser finstere und begriffslose Antiamerikanismus als (antisemitisch eingefärbtes) Ressentiment offen aufflammen und eine Zeitlang zur Leitstimmung einer orientierungslosen Masse werden, die nach Schuldigen und äußeren Feindbildern sucht. Aus den geschilderten Gründen des weltgesellschaftlichen Entwicklungsprozesses ist jedoch auch dieses Ressentiment nicht im großen Maßstab politik- und hegemoniefähig. Und gar für antisemitische Pogrome müßten sich die Deutschen heute, da auf diesem Gebiet ihre Vorfahren schon ganze Arbeit geleistet haben, wiederum selber gegenseitig als Juden definieren.

Wollte man dieser neuen Situation insgesamt nach ihrer negativen Seite hin einen Namen geben, so müßte sie vielleicht multikulturelle Barbarei genannt werden. Die Menschen werden entkoppelt von den alten Zwangsidentitäten, aber dennoch gleichzeitig sekundär barbarisiert durch die Sachzwänge des Geldes und eine ebenso allseitige wie gnadenlose Konkurrenz, die keine übersichtliche Frontlinie mehr konstituieren kann. Je mehr die Wiedervereinigungskrise voranschreitet und sich in noch unbekannten Verlaufsformen mit der weitergehenden Weltmarktkrise vermittelt, je unmöglicher die Finanzierungszwänge werden, die Massenarbeitslosigkeit sich ausbreitet und immer neue Armut entsteht, desto stärker werden auch die Reaktionen sein, die sich der alten Formen bedienen wollen, ohne doch in diesen noch einen Ausweg (und sei es einen mörderischen) finden zu können.

Zu erwarten sind also einerseits hilflose gewerkschaftliche Aktionen und vor lauter Bravheit und Diszipliniertheit kaum laufen könnende Massendemonstrationen, begleitet von Sozialverträglichkeitsfloskeln der Sozialdemokratie, unglaubwürdigen Versprechungen der Konservativen und liberalen Prosperitätsverheißungen für eine immer weiter entrückende Zukunft. Auf der anderen Seite werden zunehmen: die Einsamkeit der Amokläufer, Selbstmorde, die Massenflucht in Krankheit und Psychosen. Und das Ganze wird durchsetzt sein von Gewaltausbrüchen, Plünderungen, gelegentlich aufflackernden Pogromen und stets wachsender Massenkriminalität. Weder eine gesamtdeutsche Weltmarkt- und Prosperitätsdemokratie kann die Perspektive sein noch ein großdeutsches »Viertes Reich«, sondern eher noch die Verkreuzbergung Deutschlands und womöglich die Beirutisierung Berlins. Das wäre wohl in der Tat die adäquate Hauptstadt für das 21. Jahrhundert und dann freilich kein Ort zum Aussitzen von gesellschaftlichen Problemen mehr.

Aber vielleicht ist die Trostlosigkeit dieser Perspektive nötig, damit die Deutschen inclusive ihrer östlichen, ihrer türkischen, polnischen, rumänischen und sonstigen Bestandteile endlich begreifen, daß sie anfangen müssen, das zu tun, was sie noch nie getan haben, und am allerwenigsten in jenem Herbst 1989: nämlich sich mit den sozialen und historischen Bedingungen ihrer gesellschaftlichen Existenz bis zum Grund auseinanderzusetzen, weil niemand mehr diesen Bedingungen und ihren zerstörerischen Konsequenzen entgehen kann. Ein wirklich neues Kapitel in der Geschichte aufschlagen, das hieße die Nation ein für allemal als Austragungsform sozialer Probleme begraben und die irrationalen marktwirtschaftlichen Konkurrenzzwänge über sämtliche bisherigen »freien« und »geplanten« Märkte hinaus abschaffen.

Auch wenn es jetzt noch kaum jemand glauben will: zusammen mit der DDR stirbt auch die BRD, so oder so.

Aus der Reihe
CRITICA DIABOLIS

1. Koordination autonomer Gruppen Spaniens
Aufrufe aus dem Gefängnis von Segovia, 10.-DM
2. Annie LeBrun, *Lâchez tout – Laßt alles fahren*, 22.-DM
3. Giorgio Cesarano, *Der erotische Aufstand*, 14.-DM
4. Wolfgang Pohrt, *Kreisverkehr, Wendepunkt*, 14.-DM
5. Wolfgang Pohrt, *Der Geheimagent der Unzufriedenheit, Balzac*, Verbesserte und erweiterte Neuauflage, 18.-DM
6. Eike Geisel, *Lastenausgleich, Umschuldung*, 15.-DM
7. Russische Gewerkschaftsopposition SMOT
Das unterirdische Feuer, 18.-DM
8. Wolfgang Pohrt, *Stammesbewußtsein, Kulturnation*, 15.-DM
9. Guy Debord, *In girum imus nocte et consumimur igni*, 20.-DM
10. Louis Aragon, *Abhandlung über den Stil*, 29.80DM
11. Wolfgang Pohrt, *Zeitgeist, Geisterzeit*, 24.-DM
12. Kollektiv RAF, W. Pohrt, G. Goettle, K.H. Roth u.a.
Die alte Straßenverkehrsordnung, 24.80DM
13. Günther Anders, *Interviews & Erklärungen*, 28.-DM
14. Christian Schultz-Gerstein, *Rasende Mitläufer*, vergriffen
15. Curzio Malaparte, *Technik des Staatsstreichs*, 26.-DM
16. Harry Mulisch, *Strafsache 40/61*, 28.-DM
17. H.M. Enzensberger, Eike Geisel, H. Broder, H. Arendt u.a.
Eingriffe, Jahrbuch für gesellschaftskritische Umtriebe, 26.-
18. Klaus Bittermann, *Das Sterben der Phantome*, 26.-DM
19. Lothar Baier, *Zeichen & Wunder – Essays*, 26.-DM
20. Wolfgang Pohrt, *Ein Hauch von Nerz*, 26.-DM
21. Hannah Arendt, *Nach Auschwitz*, 26.-DM
22. Marcel Mariën, *Weltrevolution in 365 Tagen*, 29.80DM
23. Hannah Arendt, *Die Krise des Zionismus*, 28.-DM
24. Alain Finkielkraut, *Die vergebliche Erinnerung*, 19.80DM
25. André Breton, *Die verlorenen Schritte*, 29.80DM
26. Matthias Matussek, *Palais Abgrund*, 28.-DM
27. *Gemeinsam sind wir unausstehlich – Die Wiedervereinigung und ihre Folgen*, 20.-DM
28. Roger Willemsen, *Kopf oder Adler*, 26.-DM
29. Robert Kurz, *Honeckers Rache,* 24.-DM
30. Broder, Geisel, Enzensberger, Stephan, Giordano u.a.,
Liebesgrüße aus Bagdad, 20.-DM

Edition TIAMAT, Grimmstr. 26 1000 Berlin 61
Zu beziehen über:
Rotation-Vertrieb, Mehringdamm 51, 1000 Berlin 61